Hermann Hesse

Iris

Ausgewählte Märchen

Suhrkamp Verlag

9. bis 14. Tausend dieser Ausgabe 1974

Druck: Poeschel & Schulz-Schomburgk, Eschwege
Printed in Germany

Iris

Der Zwerg

So begann der alte Geschichtenerzähler Cecco eines Abends am Kai:

Wenn es euch recht ist, meine Herrschaften, will ich heute einmal eine ganz alte Geschichte erzählen, von einer schönen Dame, einem Zwerg und einem Liebestrank, von Treue und Untreue, Liebe und Tod, wovon ja alle alten und neuen Abenteuer und Geschichten handeln.

Das Fräulein Margherita Cadorin, die Tochter des Edlen Battista Cadorin, war zu ihrer Zeit unter den schönen Damen von Venedig die schönste, und die auf sie gedichteten Strophen und Lieder waren zahlreicher als die Bogenfenster der Paläste am Großen Kanal und als die Gondeln, die an einem Frühlingsabend zwischen dem Ponte del Vin und der Dogana schwimmen. Hundert junge und alte Edelleute, von Venedig wie von Murano, und auch solche aus Padua, konnten in keiner Nacht die Augen schließen, ohne von ihr zu träumen, noch am Morgen erwachen, ohne sich nach ihrem Anblick zu sehnen, und in der ganzen Stadt gab es wenige unter den jungen Gentildonnen, die noch nie auf Margherita Cadorin eifersüchtig gewesen wären. Sie zu beschreiben, steht mir nicht zu, ich begnüge mich damit, zu sagen, daß sie blond und groß und schlank wie eine junge Zypresse gewachsen war, daß ihren Haaren die Luft und ihren Sohlen der Boden schmeichelte und daß Tizian, als er sie sah, den Wunsch geäußert haben soll, er möchte ein ganzes Jahr lang nichts und niemand malen als nur diese Frau.

An Kleidern, an Spitzen, an byzantinischem Goldbrokat, an Steinen und Schmuck litt die Schöne keinen Mangel, vielmehr ging es in ihrem Palast reich und prächtig her: der Fuß trat farbige dicke Teppiche aus Kleinasien, die Schränke verbargen silbernes Gerät genug, die Tische erglänzten von feinem Damast und herrlichem Porzellan, die Fußböden der Wohnzimmer waren schöne Mosaikarbeit, und die Decken und

Wände bedeckten teils Gobelins auf Brokat und Seide, teils hübsche, heitere Malereien. An Dienerschaft war ebenfalls kein Mangel, noch an Gondeln und Ruderern.

Alle diese köstlichen und erfreulichen Dinge gab es aber freilich auch in anderen Häusern; es gab größere und reichere Paläste als den ihren, vollere Schränke, köstlichere Geräte, Tapeten und Schmucksachen. Venedig war damals sehr reich. Das Kleinod jedoch, welches die junge Margherita ganz allein besaß und das den Neid vieler Reicheren erregte, war ein Zwerg, Filippo genannt, nicht drei Ellen hoch und mit zwei Höckerchen versehen, ein phantastischer kleiner Kerl. Filippo war aus Cypern gebürtig und hatte, als ihn Herr Vittoria Battista von Reisen heimbrachte, nur Griechisch und Syrisch gekonnt, jetzt aber sprach er ein so reines Venezianisch, als wäre er an der Riva oder im Kirchspiel von San Giobbe zur Welt gekommen. So schön und schlank seine Herrin war, so häßlich war der Zwerg; neben seinem verkrüppelten Wuchse erschien sie doppelt hoch und königlich, wie der Turm einer Inselkirche neben einer Fischerhütte. Die Hände des Zwerges waren faltig, braun und in den Gelenken gekrümmt, sein Gang unsäglich lächerlich, seine Nase viel zu groß, seine Füße breit und einwärts gestellt. Gekleidet aber ging er wie ein Fürst, in lauter Seide und Goldstoff.

Schon dies Äußere machte den Zwerg zu einem Kleinod; vielleicht gab es nicht bloß in Venedig, sondern in ganz Italien, Mailand nicht ausgenommen, keine seltsamere und possierlichere Figur; und manche Majestät, Hoheit oder Exzellenz hätte gewiß den kleinen Mann gern mit Gold aufgewogen, wenn er dafür feil gewesen wäre.

Aber wenn es auch vielleicht an Höfen oder in reichen Städten einige Zwerge geben mochte, welche dem Filippo an Kleinheit und Häßlichkeit gleichkamen, so blieben doch an Geist und Begabung alle weit hinter ihm zurück. Wäre es allein auf die Klugheit angekommen, so hätte dieser Zwerg ruhig im Rat der Zehn sitzen oder eine Gesandtschaft verwalten können. Nicht allein sprach er drei Sprachen, sondern er war auch in Historien, Ratschlägen und Erfindungen wohl erfahren, konnte ebensowohl alte Geschichten erzählen wie neue erfinden und verstand sich nicht weniger auf guten Rat als auf böse Streiche und vermochte jeden, wenn er nur wollte, so leicht zum Lachen wie zum Verzweifeln zu bringen.

An heiteren Tagen, wenn die Donna auf ihrem Söller saß, um ihr wundervolles Haar, wie es damals allgemein die Mode war, an der Sonne zu bleichen, war sie stets von ihren beiden Kammerdienerinnen, von ihrem afrikanischen Papagei und von dem Zwerg Filippo begleitet. Die Dienerinnen befeuchteten und kämmten ihr langes Haar und breiteten es über dem großen Schattenhut zum Bleichen aus, bespritzten es mit Rosentau und mit griechischen Wassern, und dazu erzählten sie alles, was in der Stadt vorging und vorzugehen im Begriff war: Sterbefälle, Feierlichkeiten, Hochzeiten und Geburten, Diebstähle und komische Ereignisse. Der Papagei schlug mit seinen schönfarbigen Flügeln und machte seine drei Kunststücke: ein Lied pfeifen, wie eine Ziege meckern und »Gute Nacht« rufen. Der Zwerg saß daneben, still in der Sonne gekauert, und las in alten Büchern und Rollen, auf das Mädchengeschwätz so wenig achtend wie auf die schwärmenden Mücken. Alsdann geschah es jedesmal, daß nach einiger Zeit der bunte Vogel nickte, gähnte und entschlief, daß die Mägde langsamer plauderten und endlich verstummten und ihren Dienst lautlos mit müden Gebärden versahen; denn gibt es einen Ort, wo die Mittagssonne heißer und schläfernder brennen kann als auf dem Söller eines venezianischen Palastdaches? Dann wurde die Herrin mißmutig und schalt heftig, sobald die Mädchen ihre Haare zu trocken werden ließen oder gar ungeschickt anfaßten. Und dann kam der Augenblick, wo sie rief: »Nehmt ihm das Buch weg!«

Die Mägde nahmen das Buch von Filippos Knien, und der Zwerg schaute zornig auf, bezwang sich aber sogleich und fragte höflich, was die Herrin beliebe.
Und sie befahl: »Erzähl mir eine Geschichte!«
Darauf antwortete der Zwerg: »Ich will nachdenken«, und dachte nach.
Hierbei geschah es zuweilen, daß er ihr allzu lange zögerte, so daß sie ihn scheltend anrief. Er schüttelte aber gelassen den schweren Kopf, der für seine Gestalt viel zu groß war, und antwortete mit Gleichmut: »Ihr müsset noch ein wenig Geduld haben. Gute Geschichten sind wie ein edles Wild. Sie hausen verborgen, und man muß oft lange am Eingang der Schluchten und Wälder stehen und auf sie lauern. Lasset mich nachdenken!«
Wenn er aber genugsam gesonnen hatte und zu erzählen anfing, dann hielt er nicht mehr inne, bis er zu Ende war, ununterbrochen lief seine Erzählung dahin, wie ein vom Gebirge kommender Fluß, in welchem alle Dinge sich spiegeln, von den kleinen Gräsern bis zum blauen Gewölbe des Himmels. Der Papagei schlief, im Traume zuweilen mit dem krummen Schnabel knarrend, die kleinen Kanäle lagen unbeweglich, so daß die Spiegelbilder der Häuser feststanden wie wirkliche Mauern, die Sonne brannte auf das flache Dach herab, und die Mägde kämpften verweifelt gegen die Schläfrigkeit. Der Zwerg aber war nicht schläfrig und wurde zum Zauberer und König, sobald er seine Kunst begann. Er löschte die Sonne aus und führte seine still zuhörende Herrin bald durch schwarze, schauerliche Wälder, bald auf den blauen kühlen Grund des Meeres, bald durch die Straßen fremder und fabelhafter Städte, denn er hatte die Kunst des Erzählens im Morgenlande gelernt, wo die Erzähler viel gelten und Magier sind und mit den Seelen der Zuhörer spielen, wie ein Kind mit seinem Balle spielt.
Beinahe niemals begannen seine Geschichten in fremden Ländern, wohin die Seele des Zuhörenden nicht leicht aus eige-

nen Kräften zu fliegen vermag. Sondern er begann stets mit dem, was man mit Augen sehen kann, sei es mit einer goldenen Spange, sei es mit einem seidenen Tuche, immer begann er mit etwas Nahem und Gegenwärtigem und leitete die Einbildung seiner Herrin unmerklich, wohin er wollte, indem er von früheren Besitzern solcher Kleinode oder von ihren Meistern und Verkäufern zu berichten anhob, so daß die Geschichte, natürlich und langsam rinnend, vom Söller des Palastes in die Barke des Händlers, von der Barke in den Hafen und auf das Schiff und an jeden entferntesten Ort der Welt sich hinüberwiegte. Wer ihm zuhörte, der glaubte selbst die Fahrt zu machen, und während er noch ruhig in Venedig saß, irrte sein Geist schon fröhlich oder ängstlich auf fernen Meeren und in fabelhaften Gegenden umher. Auf eine solche Art erzählte Filippo.

Außer solchen wunderbaren, zumeist morgenländischen Märchen berichtete er auch wirkliche Abenteuer und Begebenheiten aus alter und neuer Zeit, von des Königs Äneas Fahrten und Leiden, vom Reiche Cypern, vom König Johannes, vom Zauberer Virgilius und von den gewaltigen Reisen des Amerigo Vespucci. Obendrein verstand er selbst die merkwürdigsten Geschichten zu erfinden und vorzutragen. Als ihn eines Tages seine Herrin beim Anblick des schlummernden Papageien fragte: »Du Alleswisser, wovon träumt jetzt mein Vogel?«, da besann er sich nur eine kleine Weile und begann sogleich einen langen Traum zu erzählen, so, als wäre er selbst der Papagei, und als er zu Ende war, da erwachte gerade der Vogel, meckerte wie eine Ziege und schlug mit den Flügeln. Oder nahm die Dame ein Steinchen, warf es über die Brüstung der Terrasse ins Wasser des Kanals hinab, daß man es klatschen hörte, und fragte: »Nun, Filippo, wohin kommt jetzt mein Steinchen?« Und sogleich hob der Zwerg zu berichten an, wie das Steinchen im Wasser zu Quallen, Fischen, Krabben und Austern kam, zu ertrunkenen Schiffern und Wassergeistern, Kobolden und Meerfrauen, deren

Leben und Begebenheiten er wohl kannte und die er genau und umständlich zu schildern wußte.
Obwohl nun das Fräulein Margherita, gleich so vielen reichen und schönen Damen, hochmütig und harten Herzens war, hatte sie doch zu ihrem Zwerge viele Zuneigung und achtete darauf, daß jedermann ihn gut und ehrenhaft behandle. Nur sie selber machte sich zuweilen einen Spaß daraus, ihn ein wenig zu quälen, war er doch ihr Eigentum. Bald nahm sie ihm alle seine Bücher weg, bald sperrte sie ihn in den Käfig ihrer Papageien, bald brachte sie ihn auf dem Parkettboden eines Saales zum Straucheln. Sie tat dies jedoch alles nicht in böser Absicht, auch beklagte sich Filippo niemals, aber er vergaß nichts und brachte zuweilen in seinen Fabeln und Märchen kleine Anspielungen und Winke und Stiche an, welche das Fräulein sich denn auch ruhig gefallen ließ. Sie hütete sich wohl, ihn allzusehr zu reizen, denn jedermann glaubte den Zwerg im Besitz geheimer Wissenschaften und verbotener Mittel. Mit Sicherheit wußte man, daß er die Kunst verstand, mit mancherlei Tieren zu reden, und daß er im Vorhersagen von Witterung und Stürmen unfehlbar war. Doch schwieg er zumeist still, wenn jemand mit solchen Fragen in ihn drang, und wenn er dann die schiefen Achseln zuckte und den schweren steifen Kopf zu schütteln versuchte, vergaßen die Fragenden ihr Anliegen vor lauter Lachen.
Wie ein jeder Mensch das Bedürfnis hat, irgendeiner lebendigen Seele zugetan zu sein und Liebe zu erweisen, so hatte auch Filippo außer seinen Büchern noch eine absonderliche Freundschaft, nämlich mit einem schwarzen kleinen Hündlein, das ihm gehörte und sogar bei ihm schlief. Es war das Geschenk eines unerhört gebliebenen Bewerbers an das Fräulein Margherita und war dem Zwerge von seiner Dame überlassen worden, allerdings unter besonderen Umständen. Gleich am ersten Tage nämlich war das Hündchen verunglückt und von einer zugeschlagenen Falltüre getroffen wor-

den. Es sollte getötet werden, da ihm ein Bein zerbrochen war; da hatte der Zwerg das Tier für sich erbeten und zum Geschenk erhalten. Unter seiner Pflege war es genesen und hing mit großer Dankbarkeit an seinem Retter. Doch war ihm das geheilte Bein krumm geblieben, so daß es hinkte und dadurch noch besser zu seinem verwachsenen Herrn paßte, worüber Filippo manchen Scherz zu hören bekam.
Mochte nun diese Liebe zwischen Zwerg und Hund den Leuten lächerlich erscheinen, so war sie doch nicht minder aufrichtig und herzlich, und ich glaube, daß mancher reiche Edelmann von seinen besten Freunden nicht so innig geliebt wurde wie der krummbeinige Bologneser von Filippo. Dieser nannte ihn Filippino, woraus der abgekürzte Kosename Fino entstand, und behandelte ihn so zärtlich wie ein Kind, sprach mit ihm, trug ihm leckere Bissen zu, ließ ihn in seinem kleinen Zwergbett schlafen und spielte oft lange mit ihm, kurz er übertrug alle Liebe seines armen und heimatlosen Lebens auf das kluge Tier und nahm seinetwegen vielen Spott der Dienerschaft und der Herrin auf sich. Und ihr werdet in Bälde sehen, wie wenig lächerlich diese Zuneigung war, denn sie hat nicht allein dem Hunde und dem Zwerge, sondern dem ganzen Hause das größte Unheil gebracht. Es möge euch darum nicht verdrießen, daß ich so viele Worte über einen kleinen lahmen Schoßhund verlor, sind doch die Beispiele nicht selten, daß durch viel geringere Ursachen große und schwere Schicksale hervorgerufen wurden.

Während so viele vornehme, reiche und hübsche Männer ihre Augen auf Margherita richteten und ihr Bild in ihrem Herzen trugen, blieb sie selbst so stolz und kalt, als gäbe es keine Männer auf der Welt. Sie war nämlich nicht nur bis zum Tode ihrer Mutter, einer gewissen Donna Maria aus dem Hause der Giustiniani, sehr streng erzogen worden, sondern hatte auch von Natur ein hochmütiges, der Liebe widerstrebendes Wesen und galt mit Recht für die grausamste Schöne von Venedig. Ihretwegen fiel ein junger Edler aus Padua im Duell mit einem Mailänder Offizier, und als sie es vernahm und man ihr die an sie gerichteten letzten Worte des Gefallenen berichtete, sah man auch nicht den leisesten Schatten über ihre weiße Stirn laufen. Mit den auf sie gedichteten Sonetten trieb sie ewig ihren Spott, und als fast zu gleicher Zeit zwei Freier aus den angesehensten Familien der Stadt sich feierlich um ihre Hand bewarben, zwang sie trotz seines eifrigen Widerstrebens und Zuredens ihren Vater, beide abzuweisen, woraus eine langwierige Familienzwistigkeit entstand.

Allein der kleine geflügelte Gott ist ein Schelm und läßt sich ungern eine Beute entgehen, am wenigsten eine so schöne. Man hat es oft genug erlebt, daß gerade die unzugänglichen und stolzen Frauen sich am raschesten und heftigsten verlieben, so wie auf den härtesten Winter gewöhnlich auch der wärmste und holdeste Frühling folgt. Es geschah bei Gelegenheit eines Festes in den Muraneser Gärten, daß Margherita ihr Herz an einen jungen Ritter und Seefahrer verlor, der eben erst aus der Levante zurückgekehrt war. Er hieß Baldassare Morosini und gab der Dame, deren Blick auf ihn gerichtet war, weder an Adel noch an Stattlichkeit der Figur etwas nach. An ihr war alles licht und leicht, an ihm aber dunkel und stark, und man konnte ihm ansehen, daß er lange Zeit auf der See und in fremden Ländern gewesen und ein Freund der Abenteuer war; über seine gebräunte Stirn zuckten die Gedanken wie Blitze, und über seiner kühnen, gebogenen Nase brannten dunkle Augen heiß und scharf.

Es war nicht anders möglich, als daß auch er Margherita sehr bald bemerkte, und sobald er ihren Namen in Erfahrung gebracht hatte, trug er sogleich Sorge, ihrem Vater und ihr selber vorgestellt zu werden, was unter vielen Höflichkeiten und schmeichelhaften Worten geschah. Bis zum Ende der Festlichkeit, welche nahezu bis Mitternacht dauerte, hielt er sich, soweit der Anstand es nur erlaubte, beständig in ihrer

Nähe auf, und sie hörte auf seine Worte, auch wenn sie an andere als an sie selbst gerichtet waren, eifriger als auf das Evangelium. Wie man sich denken kann, war Herr Baldassare des öftern genötigt, von seinen Reisen und Taten und bestandenen Gefahren zu erzählen, und er tat dies mit soviel Anstand und Heiterkeit, daß jeder ihn gern anhörte. In Wirklichkeit waren seine Worte alle nur einer einzigen Zuhörerin zugedacht, und diese ließ sich nicht einen Hauch davon entgehen. Er berichtete von den seltensten Abenteuern so leichthin, als müßte ein jeder sie selber schon erlebt haben, und stellte seine Person nicht allzusehr in den Vordergrund, wie es sonst die Seefahrer und zumal die jungen zu machen pflegen. Nur einmal, da er von einem Gefecht mit afrikanischen Piraten erzählte, erwähnte er eine schwere Verwundung, deren Narbe quer über seine linke Schulter laufe, und Margherita hörte atemlos zu, entzückt und entsetzt zugleich.

Zum Schlusse begleitete er sie und ihren Vater zu ihrer Gondel, verabschiedete sich und blieb noch lange stehen, um dem Fackelglanz der über die dunkle Lagune entgleitenden Gondel nachzublicken. Erst als er diesen ganz aus den Augen verloren hatte, kehrte er zu seinen Freunden in ein Gartenhaus zurück, wo die jungen Edelleute, und auch einige hübsche Dirnen dabei, noch einen Teil der warmen Nacht beim gelben Griechenwein und beim roten süßen Alkermes verbrachten. Unter ihnen war ein Giambattista Gentarini, einer der reichsten und lebenslustigsten jungen Männer von Venedig. Dieser trat Baldassare entgegen, berührte seinen Arm und sagte lachend:

»Wie sehr hoffte ich, du würdest uns heute nacht die Liebesabenteuer deiner Reisen erzählen! Nun ist es wohl nichts damit, da die schöne Cadorin dein Herz mitgenommen hat. Aber weißt du auch, daß dieses schöne Mädchen von Stein ist und keine Seele hat? Sie ist wie ein Bild des Giorgione, an dessen Frauen wahrhaftig nichts zu tadeln ist, als daß sie

kein Fleisch und Blut haben und nur für unsere Augen existieren. Im Ernst, ich rate dir, halte dich ihr fern – oder hast du Lust, als dritter abgewiesen und zum Gespött der Cadorinschen Dienerschaft zu werden?«
Baldassare aber lachte nur und hielt es nicht für notwendig, sich zu rechtfertigen. Er leerte ein paar Becher von dem süßen, ölfarbigen Cypernwein und begab sich früher als die andern nach Hause.
Schon am nächsten Tage suchte er zu guter Stunde den alten Herrn Cadorin in seinem hübschen kleinen Palaste auf und bestrebte sich auf jede Weise, sich ihm angenehm zu machen und seine Zuneigung zu gewinnen. Am Abend brachte er mit mehreren Sängern und Spielleuten der schönen jungen Dame eine Serenata, mit gutem Erfolge: sie stand zuhörend am Fenster und zeigte sich sogar eine kleine Weile auf dem Balkon. Natürlich sprach sofort die ganze Stadt davon, und die Bummler und Klatschbasen wußten schon von der Verlobung und vom mutmaßlichen Tag der Hochzeit zu schwatzen, noch ehe Morosini sein Prachtkleid angelegt hatte, um dem Vater Margheritas seine Werbung vorzutragen; er verschmähte es nämlich, der damaligen Sitte gemäß nicht in eigener Person, sondern durch einen oder zwei seiner Freunde anzuhalten. Doch bald genug hatten jene gesprächigen Alleswisser die Freude, ihre Prophezeiungen bestätigt zu sehen.
Als Herr Baldassare dem Vater Cadorin seinen Wunsch aussprach, sein Schwiegersohn zu werden, kam dieser in nicht geringe Verlegenheit.
»Mein teuerster junger Herr«, sagte er beschwörend, »ich unterschätze bei Gott die Ehre nicht, die Euer Antrag für mein Haus bedeutet. Dennoch möchte ich Euch inständig bitten, von Eurem Vorhaben zurückzutreten, es würde Euch und mir viel Kummer und Beschwernis ersparen. Da Ihr so lange auf Reisen und fern von Venedig gewesen seid, wisset Ihr nicht, in welche Nöte das unglückselige Mädchen mich schon gebracht hat, indem sie bereits zwei ehrenvolle An-

träge ohne alle Ursache abgewiesen. Sie will von Liebe und Männern nichts wissen. Und ich gestehe, ich habe sie etwas verwöhnt und bin zu schwach, um ihre Hartnäckigkeit durch Strenge zu brechen.«

Baldassare hörte höflich zu, nahm aber seine Werbung nicht zurück, sondern gab sich alle Mühe, den ängstlichen alten Herrn zu ermutigen und in bessere Laune zu bringen. Endlich versprach dann der Herr, mit seiner Tochter zu sprechen.

Man kann sich denken, wie die Antwort des Fräuleins ausfiel. Zwar machte sie zur Wahrung ihres Hochmuts einige geringfügige Einwände und spielte namentlich vor ihrem Vater noch ein wenig die Dame, aber in ihrem Herzen hatte sie ja gesagt, noch eh sie gefragt worden war. Gleich nach Empfang ihrer Antwort erschien Baldassare mit einem zierlichen und kostbaren Geschenk, steckte seiner Verlobten einen goldenen Brautring an den Finger und küßte zum erstenmal ihren schönen stolzen Mund.

Nun hatten die Venezianer etwas zu schauen und zu schwatzen und zu beneiden. Niemand konnte sich erinnern, jemals ein so prächtiges Paar gesehen zu haben. Beide waren groß und hoch gewachsen und die Dame kaum um Haaresbreite kleiner als er. Sie war blond, er war schwarz, und beide trugen ihre Köpfe hoch und frei, denn sie gaben einander, wie an Adel, so an Hochmut nicht das geringste nach.

Nur eines gefiel der prächtigen Braut nicht, daß nämlich ihr Herr Verlobter erklärte, in Bälde nochmals nach Cypern reisen zu müssen, um daselbst wichtige Geschäfte zum Abschluß zu bringen. Erst nach der Rückkehr von dort sollte die Hochzeit stattfinden, auf die schon jetzt die ganze Stadt sich wie auf eine öffentliche Feier freute. Einstweilen genossen die Brautleute ihr Glück ohne Störung; Herr Baldassare ließ es an Veranstaltungen jeder Art, an Geschenken, an Ständchen, an Überraschungen nicht fehlen, und so oft es irgend anging, war er mit Margherita zusammen. Auch mach-

ten sie, die strenge Sitte umgehend, manche verschwiegene gemeinsame Fahrt in verdeckter Gondel.
Wenn Margherita hochmütig und ein klein wenig grausam war, wie bei einer verwöhnten jungen Edeldame nicht zu verwundern, so war ihr Bräutigam, von Hause aus hochfahrend und wenig an Rücksicht auf andere gewöhnt, durch sein Seefahrerleben und seine jungen Erfolge nicht sanfter geworden. Je eifriger er als Freier den Angenehmen und Sittsamen gespielt hatte, desto mehr gab er jetzt, da das Ziel erreicht war, seiner Natur und ihren Trieben nach. Von Haus aus ungestüm und herrisch, hatte er als Seemann und reicher Handelsherr sich vollends daran gewöhnt, nach eigenen Gelüsten zu leben und sich um andere Leute nicht zu kümmern. Es war seltsam, wie ihm von Anfang an in der Umgebung seiner Braut mancherlei zuwider war, am meisten der Papagei, das Hündchen Fino und der Zwerg Filippo. So oft er diese sah, ärgerte er sich und tat alles, um sie zu quälen oder sie ihrer Besitzerin zu entleiden. Und so oft er ins Haus trat und seine starke Stimme auf der gewundenen Treppe erklang, entfloh das Hündchen heulend und fing der Vogel an zu schreien und mit den Flügeln um sich zu schlagen; der Zwerg begnügte sich damit, die Lippen zu verziehen und hartnäckig zu schweigen. Um gerecht zu sein, muß ich sagen, daß Margherita, wenn nicht für die Tiere, so doch für Filippo manches Wort einlegte und den armen Zwerg zuweilen zu verteidigen suchte; aber freilich wagte sie ihren Geliebten nicht zu reizen und konnte oder wollte manche kleine Quälerei und Grausamkeit nicht verhindern.
Mit dem Papagei nahm es ein schnelles Ende. Eines Tages, da Herr Morosini ihn wieder quälte und mit einem Stäbchen nach ihm stieß, hackte der erzürnte Vogel nach seiner Hand und riß ihm mit seinem starken und scharfen Schnabel einen Finger blutig, worauf jener ihm den Hals umdrehen ließ. Er wurde in den schmalen finstern Kanal an der Rückseite des Hauses geworfen und von niemand betrauert.

Nicht besser erging es bald darauf dem Hündchen Fino. Es hatte sich, als der Bräutigam seiner Herrin einst das Haus betrat, in einem dunklen Winkel der Treppe verborgen, wie es denn gewohnt war, stets unsichtbar zu werden, wenn dieser Herr sich nahte. Herr Baldassare aber, vielleicht weil er irgend etwas in seiner Gondel hatte liegenlassen, was er keinem Diener anvertrauen mochte, stieg gleich darauf unvermutet wieder die Stufen der Treppe hinab. Der erschrockene Fino bellte in seiner Überraschung laut auf und sprang so hastig und ungeschickt empor, daß er um ein Haar den Herrn zu Fall gebracht hätte. Stolpernd erreichte dieser, gleichzeitig mit dem Hunde, den Flur, und da das Tierlein in seiner Angst bis zum Portal weiterrannte, wo einige breite Steinstufen in den Kanal hinabführten, versetzte er ihm unter grimmigem Fluchen einen so heftigen Fußtritt, daß der kleine Hund weit ins Wasser hinausgeschleudert wurde.
In diesem Augenblick erschien der Zwerg, der Finos Bellen und Winseln gehört hatte, im Torgang und stellte sich neben Baldassare, der mit Gelächter zuschaute, wie das halblahme Hündchen angstvoll zu schwimmen versuchte. Zugleich erschien auf den Lärm hin Margherita auf dem Balkon des ersten Stockwerks.
»Schicket die Gondel hinüber, bei Gottes Güte«, rief Filippo ihr atemlos zu. »Lasset ihn holen, Herrin, sofort! Er ertrinkt mir! O Fino, Fino!«
Aber Herr Baldassare lachte und hielt den Ruderer, der schon die Gondel lösen wollte, durch einen Befehl zurück. Nochmals wollte sich Filippo an seine Herrin wenden und sie anflehen, aber Margherita verließ in diesem Augenblick den Balkon, ohne ein Wort zu sagen. Da kniete der Zwerg vor seinem Peiniger nieder und flehte ihn an, dem Hunde das Leben zu lassen. Der Herr wandte sich unwillig ab, befahl ihm streng, ins Haus zurückzukehren, und blieb an der Gondeltreppe so lange stehen, bis der kleine keuchende Fino untersank.

Filippo hatte sich auf den obersten Boden unterm Dache begeben. Dort saß er in einer Ecke, stützte den großen Kopf auf die Hände und starrte vor sich hin. Es kam eine Kammerjungfer, um ihn zur Herrin zu rufen, und dann kam und rief ihn ein Diener, aber er rührte sich nicht. Und als er spät am Abend immer noch dort oben saß, stieg seine Herrin selber mit einer Ampel in der Hand zu ihm hinauf. Sie blieb vor ihm stehen und sah ihn eine Weile an.

»Warum stehst du nicht auf?« fragte sie dann. Er gab keine Antwort. »Warum stehst du nicht auf?« fragte sie nochmals. Da blickte der kleine Verwachsene sie an und sagte leise: »Warum habt Ihr meinen Hund umgebracht?«

»Ich war es nicht, die es tat«, rechtfertigte sie sich.

»Ihr hättet ihn retten können und habt ihn umkommen lassen«, klagte der Zwerg. »O mein Liebling! O Fino, o Fino!«

Da wurde Margherita ärgerlich und befahl ihm scheltend, aufzustehen und zu Bette zu gehen. Er folgte ihr, ohne ein Wort zu sagen, und blieb drei Tage lang stumm wie ein Toter, berührte die Speisen kaum und achtete auf nichts, was um ihn her geschah und gesprochen wurde.

In diesen Tagen wurde die junge Dame von einer großen Unruhe befallen. Sie hatte nämlich von verschiedenen Seiten Dinge über ihren Verlobten vernommen, welche ihr schwere Sorge bereiteten. Man wollte wissen, der junge Herr Morosini sei auf seinen Reisen ein schlimmer Mädchenjäger gewesen und habe auf Cypern und andern Orten eine ganze Anzahl von Geliebten sitzen. Wirklich war dies auch die Wahrheit, und Margherita wurde voll Zweifel und Angst und konnte namentlich an die bevorstehende neue Reise ihres Bräutigams nur mit den bittersten Seufzern denken. Am Ende hielt sie es nicht mehr aus, und eines Morgens, als Baldassare bei ihr in ihrem Hause war, sagte sie ihm alles und verheimlichte ihm keine von ihren Befürchtungen.

Er lächelte. »Was man dir, Liebste und Schönste, berichtet hat, mag zum Teil erlogen sein, das meiste daran ist aber

wahr. Die Liebe ist gleich einer Woge, sie kommt und erhebt uns und reißt uns mit sich fort, ohne daß wir widerstehen können. Dennoch aber weiß ich wohl, was ich meiner Braut und Tochter eines so edlen Hauses schuldig bin, du magst daher ohne Sorge sein. Ich habe hier und dort manche schöne Frau gesehen und mich in manche verliebt, aber dir kommt keine gleich.«
Und weil von seiner Kraft und Kühnheit ein Zauber ausging, gab sie sich stille und lächelte und streichelte seine harte, braune Hand. Aber sobald er von ihr ging, kehrten alle ihre Befürchtungen wieder und ließen ihr keine Ruhe, so daß diese so überaus stolze Dame nun das geheime, demütigende Leid der Liebe und Eifersucht erfuhr und in ihren seidenen Decken halbe Nächte nicht schlafen konnte.

In ihrer Bedrängnis wandte sie sich ihrem Zwerge Filippo wieder zu. Dieser hatte inzwischen sein früheres Wesen wieder angenommen und stellte sich, als hätte er den schmählichen Tod seines Hündleins nun vergessen. Auf dem Söller saß er wieder wie sonst, in Büchern lesend oder erzählend, während Margherita ihr Haar an der Sonne bleichte. Nur einmal erinnerte sie sich noch an jene Geschichte. Da sie ihn nämlich einmal fragte, worüber er denn so tief nachsinne, sagte er mit seltsamer Stimme: »Gott segne dieses Haus, gnädige Herrin, das ich tot oder lebend bald verlassen werde.« – »Warum denn?« entgegnete sie. Da zuckte er auf seine lächerliche Weise die Schultern: »Ich ahne es, Herrin. Der Vogel ist fort, der Hund ist fort, was soll der Zwerg noch da?« Sie untersagte ihm darauf solche Reden ernstlich, und er sprach nicht mehr davon. Die Dame war der Meinung, er denke nicht mehr daran, und zog ihn wieder ganz in ihr Vertrauen. Er aber, wenn sie ihm von ihrer Sorge redete, verteidigte Herrn Baldassare und ließ auf keine Weise merken, daß er ihm noch etwas nachtrage. So gewann er die Freundschaft seiner Herrin in hohem Grade wieder.

An einem Sommerabend, als vom Meere her ein wenig Kühlung wehte, bestieg Margherita samt dem Zwerge ihre Gondel und ließ sich ins Freie rudern. Als die Gondel in die Nähe von Murano kam und die Stadt nur noch wie ein weißes Traumbild in der Ferne auf der glatten, schillernden Lagune schwamm, befahl sie Filippo, eine Geschichte zu erzählen. Sie lag auf dem schwarzen Pfühle ausgestreckt, der Zwerg kauerte ihr gegenüber am Boden, den Rücken dem hohen Schnabel der Gondel zugewendet. Die Sonne hing am Rande der fernen Berge, die vor rosigem Dunst kaum sichtbar waren; auf Murano begannen einige Glocken zu läuten. Der Gondelier bewegte, von der Wärme betäubt, lässig und halbschlafend sein langes Ruder, und seine gebückte Gestalt samt der Gondel spiegelte sich in dem von Tang durchzogenen Wasser. Zuweilen fuhr in der Nähe eine Frachtbarke vorüber oder eine Fischerbarke mit einem lateinischen Segel, dessen spitziges Dreieck für einen Augenblick die fernen Türme der Stadt verdeckte.

»Erzähl mir eine Geschichte!« befahl Margherita, und Filippo neigte seinen schweren Kopf, spielte mit den Goldfransen seines seidenen Leibrocks, sann eine Weile nach und erzählte dann folgende Begebenheit:

»Eine merkwürdige und ungewöhnliche Sache erlebte einst mein Vater zu der Zeit, da er noch in Byzanz lebte, lang ehe ich noch geboren wurde. Er betrieb damals das Geschäft eines Arztes und Ratgebers in schwierigen Fällen, wie er denn sowohl die Heilkunde wie die Magie von einem Perser, der in Smyrna lebte, erlernt und in beiden große Kenntnisse erworben hatte. Da er aber ein ehrlicher Mann war und sich weder auf Betrügereien noch auf Schmeicheleien, sondern einzig auf seine Kunst verließ, hatte er vom Neid mancher Schwindler und Kurpfuscher viel zu leiden und sehnte sich schon lange nach einer Gelegenheit, in seine Heimat zurückzukehren. Doch wollte mein armer Vater das durchaus nicht eher tun, als bis er sich wenigstens ein geringes Vermögen

in der Fremde erworben hätte, denn er wußte zu Hause die Seinigen in ärmlichen Verhältnissen schmachten. Je weniger daher sein Glück in Byzanz blühen wollte, während er doch manche Betrüger und Nichtskönner ohne Mühe zu Reichtümern gelangen sah, desto trauriger wurde mein guter Vater und verzweifelte nahezu an der Möglichkeit, ohne marktschreierisches Mittel sich aus dieser Not zu ziehen. Denn es fehlte ihm keineswegs an Klienten, und er hat Hunderten in den schwierigsten Lagen geholfen, aber es waren zumeist arme und geringe Leute, von denen er sich geschämt hätte, mehr als eine Kleinigkeit für seine Dienste anzunehmen.
In so betrübter Lage war mein Vater schon entschlossen, die Stadt zu Fuß und ohne Geld zu verlassen oder Dienste auf einem Schiff zu suchen. Doch nahm er sich vor, noch einen Monat zu warten, denn es schien ihm nach den Regeln der Astrologie wohl möglich, daß ihm innerhalb dieser Frist ein Glücksfall begegne. Aber auch diese Zeit verstrich, ohne daß etwas Derartiges geschehen wäre. Traurig packte er also am letzten Tage seine wenigen Habseligkeiten zusammen und beschloß, am nächsten Morgen aufzubrechen.
Am Abend des letzten Tages wandelte er außerhalb der Stadt am Meeresstrande hin und her, und man kann sich denken, daß seine Gedanken dabei recht trostlos waren. Die Sonne war längst untergegangen, und schon breiteten die Sterne ihr weißes Licht über das ruhige Meer.
Da vernahm mein Vater plötzlich in nächster Nähe ein lautes klägliches Seufzen. Er schaute rings um sich, und da er niemand erblicken konnte, erschrak er gewaltig, denn er nahm es als böses Vorzeichen für seine Abreise. Als jedoch das Klagen und Seufzen sich noch lauter wiederholte, ermannte er sich und rief: ›Wer ist da?‹ Und sogleich hörte er ein Plätschern am Meeresufer, und als er sich dorthin wandte, sah er im blassen Schimmer der Sterne eine helle Gestalt daliegen. Vermeinend, es sei ein Schiffbrüchiger oder Badender, trat er hilfreich hinzu und sah nun mit Erstaunen die

schönste, schlanke und schneeweiße Wasserfrau mit halbem Leibe aus dem Wasser ragen. Wer aber beschreibt seine Verwunderung, als nun die Nereide ihn mit flehender Stimme anredet: ›Bist du nicht der griechische Magier, welcher in der gelben Gasse wohnt?‹
›Der bin ich‹, antwortete er aufs freundlichste, ›was wollt Ihr von mir?‹
Da begann das junge Meerweib von neuem zu klagen und ihre schönen Arme zu recken und bat unter vielen Seufzern, mein Vater möge doch ihrer Sehnsucht barmherzig sein und ihr einen starken Liebestrank bereiten, da sie sich in vergeblichem Verlangen nach ihrem Geliebten verzehre. Dazu blickte sie ihn aus ihren schönen Augen so flehentlich und traurig an, daß es ihm das Herz bewegte. Er beschloß sogleich, ihr zu helfen; doch fragte er zuvor, auf welche Weise sie ihn belohnen wolle. Da versprach sie ihm eine Kette von Perlen, so lang, daß ein Weib sie achtmal um den Hals zu schlingen vermöge. ›Aber diesen Schatz‹, fuhr sie fort, ›sollst du nicht eher erhalten, als bis ich gesehen habe, daß dein Zauber seine Wirkung getan hat.‹
Darum brauchte sich nun mein Vater nicht zu sorgen, seiner Kunst war er sicher. Er eilte in die Stadt zurück, brach seine wohlverpackten Bündel wieder auf und bereitete den gewünschten Liebestrank in solcher Eile, daß er schon bald nach Mitternacht wieder an jener Stelle des Ufers war, wo die Meerfrau auf ihn wartete. Er händigte ihr eine winzig kleine Phiole mit dem kostbaren Safte ein, und unter lebhaften Danksagungen forderte sie ihn auf, in der folgenden Nacht sich wieder einzufinden, um die versprochene reiche Belohnung in Empfang zu nehmen. Er ging davon und brachte die Nacht und den Tag in der stärksten Erwartung zu. Denn wenn er auch an der Kraft und Wirkung seines Trankes keinerlei Zweifel hegte, so wußte er doch nicht, ob auf das Wort der Nixe Verlaß sein werde. In solchen Gedanken verfügte er sich bei Einbruch der folgenden Nacht

wieder an denselben Ort, und er brauchte nicht lange zu warten, bis auch das Meerweib in seiner Nähe aus den Wellen tauchte.
Wie erschrak jedoch mein armer Vater, als er sah, was er mit seiner Kunst angerichtet hatte! Als nämlich die Nixe lächelnd näher kam und ihm in der Rechten die schwere Perlenkette entgegenhielt, erblickte er in ihrem Arme den Leichnam eines ungewöhnlich schönen Jünglings, welchen er an seiner Kleidung als einen griechischen Schiffer erkannte. Sein Gesicht war totenblaß, und seine Locken schwammen auf den Wellen, die Nixe drückte ihn zärtlich an sich und wiegte ihn wie einen kleinen Knaben auf den Armen.
Sobald mein Vater dies gesehen hatte, tat er einen lauten Schrei und verwünschte sich und seine Kunst, worauf das Weib mit ihrem toten Geliebten plötzlich in die Tiefe versank. Auf dem Sand des Ufers aber lag die Perlenkette, und da nun doch das Unheil nicht wiedergutzumachen war, nahm er sie an sich und trug sie unter dem Mantel in seine Wohnung, wo er sie zertrennte, um die Perlen einzeln zu verkaufen. Mit dem erlösten Gelde begab er sich auf ein nach Cypern abgehendes Schiff und glaubte nun, aller Not für immer entronnen zu sein. Allein das an dem Gelde hängende Blut eines Unschuldigen brachte ihn von einem Unglück ins andere, so daß er, durch Stürme und Seeräuber aller seiner Habe beraubt, seine Heimat erst nach zwei Jahren als ein schiffbrüchiger Bettler erreichte.«

Während dieser ganzen Erzählung lag die Herrin auf ihrem Polster und hörte mit großer Aufmerksamkeit zu. Als der Zwerg zu Ende war und schwieg, sprach auch sie kein Wort und verharrte in tiefem Nachdenken, bis der Ruderer innehielt und auf den Befehl zur Heimkehr wartete. Dann schrak sie wie aus einem Traume auf, winkte dem Gondelier und zog die Vorhänge vor sich zusammen. Das Ruder drehte sich eilig, die Gondel flog wie ein schwarzer Vogel der Stadt entgegen, und der allein dahockende Zwerg blickte ruhig und ernsthaft über die dunkelnde Lagune, als sänne er schon wieder einer neuen Geschichte nach. In Bälde war die Stadt erreicht, und die Gondel eilte durch den Rio Panada und mehrere kleine Kanäle nach Hause.

In dieser Nacht schlief Margherita sehr unruhig. Durch die Geschichte vom Liebestrank war sie, wie der Zwerg vorausgesehen hatte, auf den Gedanken gekommen, sich desselben Mittels zu bedienen, um das Herz ihres Verlobten sicher an sich zu fesseln. Am nächsten Tage begann sie mit Filippo darüber zu reden, aber nicht gerade heraus, sondern indem sie aus Scheu allerlei Fragen stellte. Sie legte Neugierde an den Tag, zu erfahren, wie denn ein solcher Liebestrank beschaffen sei, ob wohl heute noch jemand das Geheimnis seiner Zubereitung kenne, ob er keine giftigen und schädlichen Säfte enthalte und ob sein Geschmack nicht derart sei, daß der Trinkende Argwohn schöpfen müsse. Der schlaue Filippo gab auf alle diese Fragen gleichgültig Antwort und tat, als merke er nichts von den geheimen Wünschen seiner Herrin, so daß diese immer deutlicher reden mußte und ihn schließlich geradezu fragte, ob sich wohl in Venedig jemand finden würde, der imstande wäre, jenen Trank herzustellen.

Da lachte der Zwerg und rief: »Ihr scheint mir sehr wenig Fertigkeit zuzutrauen, meine Herrin, wenn Ihr glaubet, daß ich von meinem Vater, der ein so großer Weiser war, nicht einmal diese einfachsten Anfänge der Magie erlernt habe.«

»Also vermöchtest du selbst einen solchen Liebestrank zu bereiten?« rief die Dame mit großer Freude.

»Nichts leichter als dieses«, erwiderte Filippo. »Nur kann ich allerdings nicht einsehen, wozu Ihr meiner Kunst bedürfen solltet, da Ihr doch am Ziel Eurer Wünsche seid und einen der schönsten und reichsten Männer zum Verlobten habt.«

Aber die Schöne ließ nicht nach, in ihn zu dringen, und am Ende fügte er sich unter scheinbarem Widerstreben. Der Zwerg erhielt Geld zur Beschaffung der nötigen Gewürze

und geheimen Mittel, und für später, wenn alles gelungen wäre, wurde ihm ein ansehnliches Geschenk versprochen.
Er war schon nach zwei Tagen mit seinen Vorbereitungen fertig und trug den Zaubertrank in einem kleinen blauen Glasfläschchen, das vom Spiegeltisch seiner Herrin genommen war, bei sich. Da die Abreise des Herrn Baldassare nach Cypern schon nahe bevorstand, war Eile geboten. Als nun an einem der folgenden Tage Baldassare seiner Braut eine heimliche Lustfahrt am Nachmittag vorschlug, wo der Hitze wegen in dieser Jahreszeit sonst niemand Spazierfahrten unternahm, da schien dies sowohl Margheriten wie dem Zwerge die geeignete Gelegenheit zu sein.
Als zur bezeichneten Stunde am hintern Tor des Hauses Baldassares Gondel vorfuhr, stand Margherita schon bereit und hatte Filippo bei sich, welcher eine Weinflasche und ein Körbchen Pfirsiche in das Boot brachte und, nachdem die Herrschaften eingestiegen waren, sich gleichfalls in die Gondel verfügte und hinten zu den Füßen des Ruderers Platz nahm. Dem jungen Herrn mißfiel es, daß Filippo mitfuhr, doch enthielt er sich, etwas darüber zu sagen, da er in diesen letzten Tagen vor seiner Abreise mehr als sonst den Wünschen seiner Geliebten nachzugeben für gut hielt.
Der Ruderer stieß ab. Baldassare zog die Vorhänge dicht zusammen und koste im versteckten und überdachten Sitzraum mit seiner Braut. Der Zwerg saß ruhig im Hinterteil der Gondel und betrachtete die alten, hohen und finsteren Häuser des Rio dei Barcaroli, durch welchen der Ruderer das Fahrzeug trieb, bis es beim alten Palazzo Giustiniani, neben welchem damals noch ein kleiner Garten lag, die Lagune am Ausgang des Canal Grande erreichte. Heute steht, wie jedermann weiß, an jener Ecke der schöne Palazzo Barozzi.
Zuweilen drang aus dem verschlossenen Raume ein gedämpftes Gelächter oder das leise Geräusch eines Kusses oder das Bruchstück eines Gesprächs. Filippo war nicht neugierig. Er blickte übers Wasser bald nach der sonnigen Riva, bald nach

dem schlanken Turm von San Giorgio Maggiore, bald rückwärts gegen die Löwensäule der Piazzetta. Zuweilen blinzelte er dem fleißig arbeitenden Ruderer zu, zuweilen plätscherte er mit einer dünnen Weidengerte, die er am Boden gefunden hatte, im Wasser. Sein Gesicht war so häßlich und unbeweglich wie immer und spiegelte nichts von seinen Gedanken wider. Er dachte eben an sein ertrunkenes Hündchen Fino und an den erdrosselten Papagei und erwog bei sich, wie allen Wesen, Tieren wie Menschen, beständig das Verderben so nahe ist und daß wir auf dieser Welt nichts vorhersehen und -wissen können als den sicheren Tod. Er dachte seines Vaters und seiner Heimat und seines ganzen Lebens, und ein Spott überflog sein Gesicht, da er bedachte, wie fast überall die Weisen im Dienste der Narren stehen und wie das Leben der meisten Menschen einer schlechten Komödie gleicht. Er lächelte, indem er an seinem reichen seidenen Kleide niedersah.

Und während er noch stille saß und lächelte, geschah das, worauf er schon die ganze Zeit gewartet hatte. Unter dem Gondeldach erklang die Stimme Baldassares und gleich darauf die Margheritas, welche rief: »Wo hast du den Wein und den Becher, Filippo?« Herr Baldassare hatte Durst, und es war nun die Zeit, ihm mit dem Weine jenen Trank beizubringen.

Er öffnete sein kleines blaues Fläschchen, goß den Saft in einen Trinkbecher und füllte ihn mit rotem Wein nach. Margherita öffnete die Vorhänge, und der Zwerg bediente sie, indem er der Dame die Pfirsiche, dem Bräutigam aber den Becher darbot. Sie warf ihm fragende Blicke zu und schien von Unruhe erfüllt.

Herr Baldassare hob den Becher und führte ihn zum Munde. Da fiel sein Blick auf den noch vor ihm stehenden Zwerg, und plötzlich stieg ein Argwohn in seiner Seele auf.

»Halt«, rief er, »Schlingeln von deiner Art ist nie zu trauen. Ehe ich trinke, will ich dich vorkosten sehen.«

Filippo verzog keine Miene. »Der Wein ist gut«, sagte er höflich.
Aber jener blieb mißtrauisch. »Wagst du etwa nicht zu trinken, Kerl?« fragte er böse.
»Verzeihet, Herr«, erwiderte der Zwerg, »ich bin nicht gewohnt, Wein zu trinken.«
»So befehle ich es dir. Ehe du nicht davon getrunken hast, soll mir kein Tropfen über die Lippen kommen.«
»Habet keine Sorge«, lächelte Filippo, verneigte sich. nahm den Becher aus Baldassares Händen, trank einen Schluck daraus und gab ihn zurück. Baldassare sah ihm zu, dann trank er den Rest des Weines mit einem starken Zuge aus.
Es war heiß, die Lagune glänzte mit blendendem Schimmer. Die Liebenden suchten wieder den Schatten der Gardinen auf, der Zwerg aber setzte sich seitwärts auf den Boden der Gondel, fuhr sich mit der Hand über die breite Stirn und kniff seinen häßlichen Mund zusammen wie im Schmerz.
Er wußte, daß er in einer Stunde nicht mehr am Leben sein würde. Der Trank war Gift gewesen. Eine seltsame Erwartung bemächtigte sich seiner Seele, die so nahe vor dem Tor des Todes stand. Er blickte nach der Stadt zurück und erinnerte sich der Gedanken, denen er sich vor kurzem hingegeben hatte. Schweigend starrte er über die gleißende Wasserfläche und überdachte sein Leben. Es war eintönig und arm gewesen – ein Weiser im Dienste von Narren, eine schale Komödie. Als er spürte, daß sein Herzschlag ungleich wurde und seine Stirn sich mit Schweiß bedeckte, stieß er ein bitteres Gelächter aus.
Niemand hörte darauf. Der Ruderer stand halb im Schlaf, und hinter den Vorhängen war die schöne Margherita erschrocken um den plötzlich erkrankten Baldassare beschäftigt, der ihr in den Armen starb und kalt wurde. Mit einem lauten Weheschrei stürzte sie hervor. Da lag ihr Zwerg, als wäre er eingeschlummert, in seinem prächtigen Seidenkleide tot am Boden der Gondel.

Das war Filippos Rache für den Tod seines Hündleins. Die Heimkehr der unseligen Gondel mit den beiden Toten brachte ganz Venedig in Entsetzen.
Donna Margherita verfiel in Wahnsinn, lebte aber noch manche Jahre. Zuweilen saß sie an der Brüstung ihres Balkons und rief jeder vorüberfahrenden Gondel oder Barke zu: »Rettet ihn! Rettet den Hund! Rettet den kleinen Fino!« Aber man kannte sie schon und achtete nicht darauf. (1903)

»Es geht vorwärts!« rief der Ingenieur, als auf der gestern neugelegten Schienenstrecke schon der zweite Eisenbahnzug voll Menschen, Kohlen, Werkzeuge und Lebensmittel ankam. Die Prärie glühte leise im gelben Sonnenlicht, blaudunstig stand am Horizont das hohe Waldgebirge. Wilde Hunde und erstaunte Präriebüffel sahen zu, wie in der Einöde Arbeit und Getümmel anhob, wie im grünen Lande Flecken von Kohlen und von Asche und von Papier und von Blech entstanden. Der erste Hobel schrillte durch das erschrockene Land, der erste Flintenschuß donnerte auf und verrollte am Gebirge hin, der erste Amboß klang helltönig unter raschen Hammerschlägen auf. Ein Haus aus Blech entstand, und am nächsten Tage eines aus Holz, und andere, und täglich neue, und bald auch steinerne. Die wilden Hunde und Büffel blieben fern, die Gegend wurde zahm und fruchtbar, es wehten schon im ersten Frühjahr Ebenen voll grüner Feldfrucht, Höfe und Ställe und Schuppen ragten daraus auf, Straßen schnitten durch die Wildnis.
Der Bahnhof wurde fertig und eingeweiht, und das Regierungsgebäude, und die Bank, mehrere kaum um Monate jüngere Schwesterstädte erwuchsen in der Nähe. Es kamen Arbeiter aus aller Welt, Bauern und Städter, es kamen Kaufleute und Advokaten, Prediger und Lehrer, es wurde eine Schule gegründet, drei religiöse Gemeinschaften, zwei Zeitungen. Im Westen wurden Erdölquellen gefunden, es kam großer Wohlstand in die junge Stadt. Noch ein Jahr, da gab es schon Taschendiebe, Zuhälter, Einbrecher, ein Warenhaus, einen Alkoholgegnerbund, einen Pariser Schneider, eine bayrische Bierhalle. Die Konkurrenz der Nebenstädte beschleunigte das Tempo. Nichts fehlte mehr, von der Wahlrede bis zum Streik, vom Kinotheater bis zum Spiritistenverein. Man konnte französischen Wein, norwegische Heringe, italienische Würste, englische Kleiderstoffe, russischen Kaviar in der

Stadt haben. Es kamen schon Sänger, Tänzer und Musiker zweiten Ranges auf ihren Gastreisen in den Ort.
Und es kam auch langsam die Kultur. Die Stadt, die anfänglich nur eine Gründung gewesen war, begann eine Heimat zu werden. Es gab hier eine Art, sich zu grüßen, eine Art, sich im Begegnen zuzunicken, die sich von den Arten in andern Städten leicht und zart unterschied. Männer, die an der Gründung der Stadt teilgehabt hatten, genossen Achtung und Beliebtheit, ein kleiner Adel strahlte von ihnen aus. Ein junges Geschlecht wuchs auf, dem erschien die Stadt schon als eine alte, beinahe von Ewigkeit stammende Heimat. Die Zeit, da hier der erste Hammerschlag erschollen, der erste Mord geschehen, der erste Gottesdienst gehalten, die erste Zeitung gedruckt worden war, lag ferne in der Vergangenheit, war schon Geschichte.
Die Stadt hatte sich zur Beherrscherin der Nachbarstädte und zur Hauptstadt eines großen Bezirkes erhoben. An breiten, heiteren Straßen, wo einst neben Aschenhaufen und Pfützen die ersten Hütten aus Brettern und Wellblech gestanden hatten, erhoben sich ernst und ehrwürdig Amtshäuser und Banken, Theater und Kirchen, Studenten gingen schlendernd zur Universität und Bibliothek, Krankenwagen fuhren leise zu den Kliniken, der Wagen eines Abgeordneten wurde bemerkt und begrüßt, in zwanzig gewaltigen Schulhäusern aus Stein und Eisen wurde jedes Jahr der Gründungstag der ruhmreichen Stadt mit Gesang und Vorträgen gefeiert. Die ehemalige Prärie war von Feldern, Fabriken, Dörfern bedeckt und von zwanzig Eisenbahnlinien durchschnitten, das Gebirge war nahegerückt und durch eine Bergbahn bis ins Herz der Schluchten erschlossen. Dort, oder fern am Meer, hatten die Reichen ihre Sommerhäuser.
Ein Erdbeben warf, hundert Jahre nach ihrer Gründung, die Stadt bis auf kleine Teile zu Boden. Sie erhob sich von neuem, und alles Hölzerne ward nun Stein, alles Kleine groß, alles Enge weit. Der Bahnhof war der größte des Landes, die

Börse die größte des ganzen Erdteils, Architekten und Künstler schmückten die verjüngte Stadt mit öffentlichen Bauten, Anlagen, Brunnen, Denkmälern. Im Laufe dieses neuen Jahrhunderts erwarb sich die Stadt den Ruf, die schönste und reichste des Landes und eine Sehenswürdigkeit zu sein. Politiker und Architekten, Techniker und Bürgermeister fremder Städte kame gereist, um die Bauten, Wasserleitungen, die Verwaltung und andere Einrichtungen der berühmten Stadt zu studieren. Um jene Zeit begann der Bau des neuen Rathauses, eines der größten und herrlichsten Gebäude der Welt, und da diese Zeit beginnenden Reichtums und städtischen Stolzes glücklich mit einem Aufschwung des allgemeinen Geschmacks, der Baukunst und Bildhauerei vor allem, zusammentraf, ward die rasch wachsende Stadt ein keckes und wohlgefälliges Wunderwerk. Den innern Bezirk, dessen Bauten ohne Ausnahme aus einem edlen, hellgrauen Stein bestanden, umschloß ein breiter grüner Gürtel herrlicher Parkanlagen, und jenseits dieses Ringes verloren sich Straßenzüge und Häuser in weiter Ausdehnung langsam ins Freie und Ländliche. Viel besucht und bewundert wurde ein ungeheures Museum, in dessen hundert Sälen, Höfen und Hallen die Geschichte der Stadt von ihrer Entstehung bis zur letzten Entwicklung dargestellt war. Der erste, ungeheure Vorhof dieser Anlage stellte die ehemalige Prärie dar, mit wohlgepflegten Pflanzen und Tieren und genauen Modellen der frühesten elenden Behausungen, Gassen und Einrichtungen. Da lustwandelte die Jugend der Stadt und betrachtete den Gang ihrer Geschichte, vom Zelt und Bretterschuppen an, vom ersten unebenen Schienenpfad bis zum Glanz der großstädtischen Straßen. Und sie lernten daran, von ihren Lehrern geführt und unterwiesen, die herrlichen Gesetze der Entwicklung und des Fortschritts begreifen, wie aus dem Rohen das Feine, aus dem Tier der Mensch, aus dem Wilden der Gebildete, aus der Not der Überfluß, aus der Natur die Kultur entstehe.

Im folgenden Jahrhundert erreichte die Stadt den Höhepunkt ihres Glanzes, der sich in reicher Üppigkeit entfaltete und eilig steigerte, bis eine blutige Revolution der unteren Stände dem ein Ziel setzte. Der Pöbel begann damit, viele von den großen Erdölwerken, einige Meilen von der Stadt entfernt, anzuzünden, so daß ein großer Teil des Landes mit Fabriken, Höfen und Dörfern teils verbrannte, teils verödete. Die Stadt selbst erlebte zwar Gemetzel und Greuel jeder Art, blieb aber bestehen und erholte sich in nüchternen Jahrzehnten wieder langsam, ohne aber das frühere flotte Leben und Bauen je wieder zu vermögen. Es war während ihrer üblen Zeit ein fernes Land jenseits der Meere plötzlich aufgeblüht, das lieferte Korn und Eisen, Silber und andere Schätze mit der Fülle eines unerschöpften Bodens, der noch willig hergibt. Das neue Land zog die brachen Kräfte, das Streben und Wünschen der alten Welt gewaltsam an sich, Städte blühten dort über Nacht aus der Erde, Wälder verschwanden, Wasserfälle wurden gebändigt.

Die schöne Stadt begann langsam zu verarmen. Sie war nicht mehr Herz und Hirn einer Welt, nicht mehr Markt und Börse vieler Länder. Sie mußte damit zufrieden sein, sich am Leben zu erhalten und im Lärme neuer Zeiten nicht ganz zu erblassen. Die müßigen Kräfte, soweit sie nicht nach der fernen neuen Welt fortschwanden, hatten nichts mehr zu bauen und zu erobern und wenig mehr zu handeln und zu verdienen. Statt dessen keimte in dem nun alt gewordenen Kulturboden ein geistiges Leben, es gingen Gelehrte und Künstler von der stillwerdenden Stadt aus, Maler und Dichter. Die Nachkommen derer, welche einst auf dem jungen Boden die ersten Häuser erbaut hatten, brachten lächelnd ihre Tage in stiller, später Blüte geistiger Genüsse und Bestrebungen hin, sie malten die wehmütige Pracht alter moosiger Gärten mit verwitternden Statuen und grünen Wassern und sangen in zarten Versen vom fernen Getümmel der alten heldenhaften Zeit oder vom stillen Träumen müder Menschen in alten Palästen

Damit klangen der Name und Ruhm dieser Stadt noch einmal durch die Welt. Mochten draußen Kriege die Völker erschüttern und große Arbeiten sie beschäftigen, hier wußte man in verstummter Abgeschiedenheit den Frieden walten und den Glanz versunkener Zeiten leise nachdämmern: stille Straßen, von Blütenzweigen überhangen, wetterfarbene Fassaden mächtiger Bauwerke über lärmlosen Plätzen träumend, moosbewachsene Brunnenschalen in leiser Musik von spielenden Wassern überronnen.

Manche Jahrhunderte war die alte träumende Stadt für die jüngere Welt ein ehrwürdiger und geliebter Ort, von Dichtern besungen und von Liebenden besucht. Doch drängte das Leben der Menschheit immer mächtiger nach anderen Erdteilen hin. Und in der Stadt selbst begannen die Nachkommen der alten einheimischen Familien auszusterben oder zu verwahrlosen. Es hatte auch die letzte geistige Blüte ihr Ziel längst erreicht, und übrig blieb nur verwesendes Gewebe. Die kleineren Nachbarstädte waren seit längeren Zeiten ganz verschwunden, zu stillen Ruinenhaufen geworden, zuweilen von Zigeunern und entflohenen Verbrechern bewohnt.

Nach einem Erdbeben, das indessen die Stadt selbst verschonte, war der Lauf des Flusses verschoben und ein Teil des verödeten Landes zu Sumpf, ein anderer dürr geworden. Und von den Bergen her, wo die Reste uralter Steinbrüche und Landhäuser zerbröckelten, stieg der Wald, der alte Wald, langsam herab. Er sah die weite Gegend öde liegen und zog langsam ein Stück nach dem andern in seinen grünen Kreis, überflog hier einen Sumpf mit flüsterndem Grün, dort ein Steingeröll mit jungem, zähem Nadelholz.

In der Stadt hausten am Ende keine Bürger mehr, nur noch Gesindel, unholdes, wildes Volk, das in den schiefen, einsinkenden Palästen der Vorzeit Obdach nahm und in den ehemaligen Gärten und Straßen seine mageren Ziegen weidete. Auch diese letzte Bevölkerung starb allmählich in Krankheiten und Blödsinn aus, die ganze Landschaft war seit der

Versumpfung von Fieber heimgesucht und der Verlassenheit anheimgefallen.

Die Reste des alten Rathauses, das einst der Stolz seiner Zeit gewesen war, standen noch immer sehr hoch und mächtig, in Liedern aller Sprachen besungen und ein Herd unzähliger Sagen der Nachbarvölker, deren Städte auch längst verwahrlost waren und deren Kultur entartete. In Kinder-Spukgeschichten und melancholischen Hirtenliedern tauchten entstellt und verzerrt noch die Namen der Stadt und der gewesenen Pracht gespenstisch auf, und Gelehrte ferner Völker, deren Zeit jetzt blühte, kamen zuweilen auf gefährlichen Forschungsreisen in die Trümmerstätte, über deren Geheimnisse die Schulknaben entfernter Länder sich begierig unterhielten. Es sollten Tore von reinem Gold und Grabmäler voll von Edelsteinen dort sein, und die wilden Nomadenstämme der Gegend sollten aus alten fabelhaften Zeiten her verschollene Reste einer tausendjährigen Zauberkunst bewahren.

Der Wald aber stieg weiter von den Bergen her in die Ebene, Seen und Flüsse entstanden und vergingen, und der Wald rückte vor und ergriff und verhüllte langsam das ganze Land, die Reste der alten Straßenmauern, der Paläste, Tempel, Museen, und Fuchs und Marder, Wolf und Bär bevölkerten die Einöde.

Über einem der gestürzten Paläste, von dem kein Stein mehr am Tage lag, stand eine junge Kiefer, die war vor einem Jahre noch der vorderste Bote und Vorläufer des heranwachsenden Waldes gewesen. Nun aber schaute auch sie schon wieder weit auf jungen Wuchs hinaus.

»Es geht vorwärts!« rief ein Specht, der am Stamme hämmerte, und sah den wachsenden Wald und den herrlichen, grünenden Fortschritt auf Erden zufrieden an.

(1910)

»Hier«, sagte mein Vater, und übergab mir eine kleine, beinerne Flöte, »nimm das und vergiß deinen alten Vater nicht, wenn du in fernen Ländern die Leute mit deinem Spiel erfreust. Es ist jetzt hohe Zeit, daß du die Welt siehst und etwas lernst. Ich habe dir diese Flöte machen lassen, weil du doch keine andre Arbeit tun und immer nur singen magst. Nur denke auch daran, daß du immer hübsche und liebenswürdige Lieder vorträgst, sonst wäre es schade um die Gabe, die Gott dir verliehen hat.«

Mein lieber Vater verstand wenig von der Musik, er war ein Gelehrter; er dachte, ich brauchte nur in das hübsche Flötchen zu blasen, so werde es schon gut sein. Ich wollte ihm seinen Glauben nicht nehmen, darum bedankte ich mich, steckte die Flöte ein und nahm Abschied.

Unser Tal war mir bis zur großen Hofmühle bekannt; dahinter fing denn also die Welt an, und sie gefiel mir sehr wohl. Eine müdgeflogene Biene hatte sich auf meinen Ärmel gesetzt, die trug ich mit mir fort, damit ich später bei meiner ersten Rast gleich einen Boten hätte, um Grüße in die Heimat zurückzusenden.

Wälder und Wiesen begleiteten meinen Weg, und der Fluß lief rüstig mit; ich sah, die Welt war von der Heimat wenig verschieden. Die Bäume und Blumen, die Kornähren und Haselbüsche sprachen mich an, ich sang ihre Lieder mit, und sie verstanden mich, gerade wie daheim; darüber wachte auch meine Biene wieder auf, sie kroch langsam bis auf meine Schulter, flog ab und umkreiste mich zweimal mit ihrem tiefen süßen Gebrumme, dann steuerte sie geradeaus rückwärts der Heimat zu.

Da kam aus dem Walde hervor ein junges Mädchen gegangen, das trug einen Korb am Arm und einen breiten, schattigen Strohhut auf dem blonden Kopf.

»Grüß Gott«, sagte ich zu ihr, »wo willst denn du hin?«

»Ich muß den Schnittern das Essen bringen«, sagte sie und ging neben mir. »Und wo willst du heut noch hinaus?«
»Ich gehe in die Welt, mein Vater hat mich geschickt. Er meint, ich solle den Leuten auf der Flöte vorblasen, aber das kann ich noch nicht richtig, ich muß es erst lernen.«
»So, so. Ja, und was kannst du denn eigentlich? Etwas muß man doch können.«
»Nichts Besonderes. Ich kann Lieder singen.«
»Was für Lieder denn?«
»Allerhand Lieder, weißt du, für den Morgen und für den Abend und für alle Bäume und Tiere und Blumen. Jetzt könnte ich zum Beispiel ein hübsches Lied singen von einem jungen Mädchen, das kommt aus dem Wald heraus und bringt den Schnittern ihr Essen.«
»Kannst du das? Dann sing's einmal!«
»Ja, aber wie heißt du eigentlich?«
»Brigitte.«
Da sang ich das Lied von der hübschen Brigitte mit dem Strohhut, und was sie im Korbe hat, und wie die Blumen ihr nachschauen, und die blaue Winde vom Gartenzaun langt nach ihr, und alles was dazu gehörte. Sie paßte ernsthaft auf und sagte, es wäre gut. Und als ich ihr erzählte, daß ich hungrig sei, da tat sie den Deckel von ihrem Korb und holte mir ein Stück Brot heraus. Als ich da hineinbiß und tüchtig dazu weitermarschierte, sagte sie aber: »Man muß nicht im Laufen essen. Eins nach dem andern.« Und wir setzten uns ins Gras, und ich aß mein Brot, und sie schlang die braunen Hände um ihre Knie und sah mir zu.
»Willst du mir noch etwas singen?« fragte sie dann, als ich fertig war.
»Ich will schon. Was soll es sein?«
»Von einem Mädchen, dem ist sein Schatz davongelaufen, und es ist traurig.«
»Nein, das kann ich nicht. Ich weiß ja nicht, wie das ist, und man soll auch nicht so traurig sein. Ich soll immer nur

artige und liebenswürdige Lieder vortragen, hat mein Vater gesagt. Ich singe dir vom Kuckucksvogel oder vom Schmetterling.«

»Und von der Liebe weißt du gar nichts?« fragte sie dann.

»Von der Liebe? O doch, das ist ja das allerschönste.«

Alsbald fing ich an und sang von dem Sonnenstrahl, der die roten Mohnblumen lieb hat, und wie er mit ihnen spielt und voller Freude ist. Und vom Finkenweibchen, wenn es auf den Finken wartet, und wenn er kommt, dann fliegt es weg und tut erschrocken. Und sang weiter von dem Mädchen mit den braunen Augen und von dem Jüngling, der daher kommt und singt und ein Brot dafür geschenkt bekommt; aber nun will er kein Brot mehr haben, er will einen Kuß von der Jungfer und will in ihre braunen Augen sehen, und er singt so lange fort und hört nicht auf, bis sie anfängt zu lächeln und bis sie ihm den Mund mit ihren Lippen schließt.

Da neigte Brigitte sich herüber und schloß mir den Mund mit ihren Lippen und tat die Augen zu und tat sie wieder auf, und ich sah in die nahen braungoldenen Sterne, darin war ich selber gespiegelt und ein paar weiße Wiesenblumen.

»Die Welt ist sehr schön«, sagte ich, »mein Vater hat recht gehabt. Jetzt will ich dir aber tragen helfen, daß wir zu deinen Leuten kommen.«

Ich nahm ihren Korb, und wir gingen weiter, ihr Schritt klang mit meinem Schritt und ihre Fröhlichkeit mit meiner gut zusammen, und der Wald sprach fein und kühl vom Berg herunter; ich war noch nie so vergnügt gewandert. Eine ganze Weile sang ich munter zu, bis ich aufhören mußte vor lauter Fülle; es war allzu vieles, was vom Tal und vom Berg und aus Gras und Laub und Fluß und Gebüschen zusammenrauschte und erzählte.

Da mußte ich denken: wenn ich alle diese tausend Lieder der Welt zugleich verstehen und singen könnte, von Gräsern und Blumen und Menschen und Wolken und allem, vom Laub-

wald und vom Föhrenwald und auch von allen Tieren, und dazu noch alle Lieder der fernen Meere und Gebirge, und die der Sterne und Monde, und wenn das alles zugleich in mir innen tönen und singen könnte, dann wäre ich der liebe Gott, und jedes neue Lied müßte als ein Stern am Himmel stehen.
Aber wie ich eben so dachte und davon ganz still und wunderlich wurde, weil mir das früher noch nie in den Sinn gekommen war, da blieb Brigitte stehen und hielt mich an dem Korbhenkel fest.
»Jetzt muß ich da hinauf«, sagte sie, »da droben sind unsere Leute im Feld. Und du, wo gehst du hin? Kommst du mit?«
»Nein, mitkommen kann ich nicht. Ich muß in die Welt. Schönen Dank für das Brot, Brigitte, und für den Kuß; ich will an dich denken.«
Sie nahm ihren Eßkorb, und über dem Korb neigten sich ihre Augen im braunen Schatten noch einmal zu mir, und ihre Lippen hingen an meinen, und ihr Kuß war so gut und lieb, daß ich vor lauter Wohlsein beinah traurig werden wollte. Da rief ich schnell Lebewohl und marschierte eilig die Straße hinunter.
Das Mädchen stieg langsam den Berg hinan, und unter dem herabhängenden Buchenlaub am Waldrand blieb sie stehen und sah herab und mir nach, und als ich ihr winkte und den Hut überm Kopf schwang, da nickte sie noch einmal und verschwand still wie ein Bild in den Buchenschatten hinein.
Ich aber ging ruhig meine Straße und war in Gedanken, bis der Weg um eine Ecke bog.
Da stand eine Mühle, und bei der Mühle lag ein Schiff auf dem Wasser, darin saß ein Mann allein und schien nur auf mich zu warten, denn als ich den Hut zog und zu ihm in das Schiff hinüberstieg, da fing das Schiff sogleich zu fahren an und lief den Fluß hinunter. Ich saß in der Mitte des Schiffs, und der Mann saß hinten am Steuer, und als ich ihn fragte, wohin wir führen, da blickte er auf und sah mich aus verschleierten grauen Augen an.

»Wohin du magst«, sagte er mit einer gedämpften Stimme. »Den Fluß hinunter und ins Meer, oder zu den großen Städten, du hast die Wahl. Es gehört alles mir.«
»Es gehört alles dir? Dann bist du der König?«
»Vielleicht«, sagte er. »Und du bist ein Dichter, wie mir scheint? Dann singe mir ein Lied zum Fahren!«
Ich nahm mich zusammen, es war mir bange vor dem ernsten grauen Mann, und unser Schiff schwamm so schnell und lautlos den Fluß hinab. Ich sang vom Fluß, der die Schiffe trägt und die Sonne spiegelt und am Felsenufer stärker aufrauscht und freudig seine Wanderung vollendet.
Des Mannes Gesicht blieb unbeweglich, und als ich aufhörte, nickte er still wie ein Träumender. Und alsdann begann er zu meinem Erstaunen selber zu singen, und auch er sang vom Fluß und von des Flusses Reise durch die Täler, und sein Lied war schöner und mächtiger als meines, aber es klang alles ganz anders.
Der Fluß, wie er ihn sang, kam als ein taumelnder Zerstörer von den Bergen herab, finster und wild; knirschend fühlte er sich von den Mühlen gebändigt, von den Brücken überspannt, er haßte jedes Schiff, das er tragen mußte, und in seinen Wellen und langen grünen Wasserpflanzen wiegte er lächelnd die weißen Leiber der Ertrunkenen.
Das alles gefiel mir nicht und war doch so schön und geheimnisvoll von Klang, daß ich ganz irre wurde und beklommen schwieg. Wenn das richtig war, was dieser alte, feine und kluge Sänger mit seiner gedämpften Stimme sang, dann waren alle meine Lieder nur Torheit und schlechte Knabenspiele gewesen. Dann war die Welt auf ihrem Grund nicht gut und licht wie Gottes Herz, sondern dunkel und leidend, böse und finster, und wenn die Wälder rauschten, so war es nicht aus Lust, sondern aus Qual.
Wir fuhren dahin, und die Schatten wurden lang, und jedesmal, wenn ich zu singen anfing, tönte es weniger hell, und meine Stimme wurde leiser, und jedesmal erwiderte der

fremde Sänger mir ein Lied, das die Welt noch rätselhafter und schmerzlicher machte und mich noch befangener und trauriger.

Mir tat die Seele weh, und ich bedauerte, daß ich nicht am Lande und bei den Blumen geblieben war oder bei der schönen Brigitte, und um mich in der wachsenden Dämmerung zu trösten, fing ich mit lauter Stimme wieder an und sang durch den roten Abendschein das Lied von Brigitte und ihren Küssen.

Da begann die Dämmerung, und ich verstummte, und der Mann am Steuer sang, und auch er sang von der Liebe und Liebeslust, von braunen und von blauen Augen, von roten feuchten Lippen, und es war schön und ergreifend, was er leidvoll über dem dunkelnden Fluß sang, aber in seinem Lied war auch die Liebe finster und bang und ein tödliches Geheimnis geworden, an dem die Menschen irr und wund in ihrer Not und Sehnsucht tasteten, und mit dem sie einander quälten und töteten.

Ich hörte zu und wurde so müde und betrübt, als sei ich schon Jahre unterwegs und sei durch lauter Jammer und Elend gereist. Von dem Fremden her fühlte ich immerzu einen leisen, kühlen Strom von Trauer und Seelenangst zu mir herüber und in mein Herz schleichen.

»Also ist denn nicht das Leben das Höchste und Schönste«, rief ich endlich bitter, »sondern der Tod. Dann bitte ich dich, du trauriger König, singe mir ein Lied vom Tode!«

Der Mann am Steuer sang nun vom Tode, und er sang schöner, als ich je hatte singen hören. Aber auch der Tod war nicht das Schönste und Höchste, es war auch bei ihm kein Trost. Der Tod war Leben, und das Leben war Tod, und sie waren ineinander verschlungen in einem ewigen rasenden Liebeskampf, und dies war das Letzte und der Sinn der Welt, und von dorther kam ein Schein, der alles Elend noch zu preisen vermochte, und von dorther kam ein Schatten, der alle Lust und alle Schönheit trübte und mit Finsternis umgab. Aber aus der Finsternis brannte die Lust inniger und schöner, und die Liebe glühte tiefer in dieser Nacht.

Ich hörte zu und war ganz still geworden, ich hatte keinen Willen mehr in mir als den des fremden Mannes. Sein Blick ruhte auf mir, still und mit einer gewissen traurigen Güte, und seine grauen Augen waren voll vom Weh und von der Schönheit der Welt. Er lächelte mich an, und da faßte ich mir ein Herz und bat in meiner Not: »Ach, laß uns umkehren, du! Mir ist angst hier in der Nacht, und ich möchte zurück und dahin gehen, wo ich Brigitte finden kann, oder heim zu meinem Vater.«

Der Mann stand auf und deutete in die Nacht, und seine Laterne schien hell auf sein mageres und festes Gesicht. »Zurück geht kein Weg«, sagte er ernst und freundlich, »man muß immer vorwärtsgehen, wenn man die Welt ergründen will. Und von dem Mädchen mit den braunen Augen hast du das Beste und Schönste schon gehabt, und je weiter du von ihr bist, desto besser und schöner wird es werden. Aber fahre du immerhin, wohin du magst, ich will dir meinen Platz am Steuer geben!«

Ich war zum Tod betrübt und sah doch, daß er recht hatte. Voll Heimweh dachte ich an Brigitte und an die Heimat und an alles, was eben noch nahe und licht und mein gewesen war, und was ich nun verloren hatte. Aber jetzt wollte ich den Platz des Fremden nehmen und das Steuer führen. So mußte es sein.

Darum stand ich schweigend auf und ging durch das Schiff zum Steuersitz, und der Mann kam mir schweigend entgegen, und als wir beieinander waren, sah er mir fest ins Gesicht und gab mir seine Laterne.

Aber als ich nun am Steuer saß und die Laterne neben mir stehen hatte, da war ich allein im Schiff, ich erkannte es mit einem tiefen Schauder, der Mann war verschwunden, und doch war ich nicht erschrocken, ich hatte es geahnt. Mir schien, es sei der schöne Wandertag und Brigitte und mein

Vater und die Heimat nur ein Traum gewesen, und ich sei alt und betrübt und sei schon immer und immer auf diesem nächtlichen Fluß gefahren.

Ich begriff, daß ich den Mann nicht rufen dürfe, und die Erkenntnis der Wahrheit überlief mich wie ein Frost.

Um zu wissen, was ich schon ahnte, beugte ich mich über das Wasser hinaus und hob die Laterne, und aus dem schwarzen Wasserspiegel sah mir ein scharfes und ernstes Gesicht mit grauen Augen entgegen, ein altes, wissendes Gesicht, und das war ich.

Und da kein Weg zurückführte, fuhr ich auf dem dunkeln Wasser weiter durch die Nacht. (1913)

Der Dichter

Es wird erzählt, daß der chinesische Dichter Han Fook in seiner Jugend von einem wunderbaren Drang beseelt war, alles zu lernen und sich in allem zu vervollkommnen, was zur Dichtkunst irgend gehört. Er war damals, da er noch in seiner Heimat am Gelben Flusse lebte, auf seinen Wunsch und mit Hilfe seiner Eltern, die ihn zärtlich liebten, mit einem Fräulein aus gutem Hause verlobt worden, und die Hochzeit sollte nun bald auf einen glückverheißenden Tag festgesetzt werden. Han Fook war damals etwa zwanzig Jahre alt und ein hübscher Jüngling, bescheiden und von angenehmen Umgangsformen, in den Wissenschaften unterrichtet und trotz seiner Jugend schon durch manche vorzügliche Gedichte unter den Literaten seiner Heimat bekannt. Ohne gerade reich zu sein, hatte er doch ein auskömmliches Vermögen zu erwarten, das durch die Mitgift seiner Braut noch erhöht wurde, und da diese Braut außerdem sehr schön und tugendhaft war, schien an dem Glücke des Jünglings durchaus nichts mehr zu fehlen. Dennoch war er nicht ganz zufrieden, denn sein Herz war von dem Ehrgeiz erfüllt, ein vollkommener Dichter zu werden.

Da geschah es an einem Abend, da ein Lampenfest auf dem Flusse begangen wurde, daß Han Fook allein am jenseitigen Ufer des Flusses wandelte. Er lehnte sich an den Stamm eines Baumes, der sich über das Wasser neigte, und sah im Spiegel des Flusses tausend Lichter schwimmen und zittern, er sah auf den Booten und Flößen Männer und Frauen und junge Mädchen einander begrüßen und in festlichen Gewändern wie schöne Blumen glänzen, er hörte das schwache Gemurmel der beleuchteten Wasser, den Gesang der Sängerinnen, das Schwirren der Zither und die süßen Töne der Flötenbläser, und über dem allem sah er die bläuliche Nacht wie das Gewölbe eines Tempels schweben. Dem Jünglinge schlug das Herz, da er als einsamer Zuschauer, seiner Laune folgend, alle diese Schönheit betrachtete. Aber so sehr ihn verlangte, hinüberzugehen und dabei zu sein und in der Nähe seiner Braut und seiner Freunde das Fest zu genießen, so begehrte er dennoch weit sehnlicher, dies alles als ein feiner Zuschauer aufzunehmen und in einem ganz vollkommenen Gedichte widerzuspiegeln: die Bläue der Nacht und das Lichterspiel des Wassers sowohl wie die Lust der Festgäste und die Sehnsucht des stillen Zuschauers, der am Stamm des Baumes über dem Ufer lehnt. Er empfand, daß ihm bei allen Festen und aller Lust dieser Erde doch niemals ganz und gar wohl und heiter ums Herz sein könnte, daß er auch inmitten des Lebens ein Einsamer und gewissermaßen ein Zuschauer und Fremdling bleiben würde, und er empfand, daß seine Seele unter vielen anderen allein so beschaffen sei, daß er zugleich die Schönheit der Erde und das heimliche Verlangen des Fremdlings fühlen mußte. Darüber wurde er traurig und sann dieser Sache nach, und das Ziel seiner Gedanken war dieses, daß ihm ein wahres Glück und eine tiefe Sättigung nur dann zuteil werden könnte, wenn es ihm einmal gelänge, die Welt so vollkommen in Gedichten zu spiegeln, daß er in diesen Spiegelbildern die Welt selbst geläutert und verewigt besäße.

Kaum wußte Han Fook, ob er noch wache oder eingeschlummert sei, als er ein leises Geräusch vernahm und neben dem Baumstamm einen Unbekannten stehen sah, einen alten Mann in einem violetten Gewande und mit ehrwürdigen Mienen. Er richtete sich auf und begrüßte ihn mit dem Gruß, der den Greisen und Vornehmen zukommt, der Fremde aber lächelte und sprach einige Verse, in denen war alles, was der junge Mann soeben empfunden hatte, so vollkommen und schön und nach den Regeln der großen Dichter ausgedrückt, daß dem Jüngling vor Staunen das Herz stillstand.

»Oh, wer bist du«, rief er, indem er sich tief verneigte, »der du in meine Seele sehen kannst und schönere Verse sprichst, als ich je von allen meinen Lehrern vernommen habe?«

Der Fremde lächelte abermals mit dem Lächeln der Vollendeten und sagte: »Wenn du ein Dichter werden willst, so komm zu mir. Du findest meine Hütte bei der Quelle des großen Flusses in den nordwestlichen Bergen. Mein Name ist Meister des vollkommenen Wortes.«

Damit trat der alte Mann in den schmalen Schatten des Baumes und war alsbald verschwunden, und Han Fook, der ihn vergebens suchte und keine Spur von ihm mehr fand, glaubte nun fest, daß alles ein Traum der Müdigkeit gewesen sei. Er eilte zu den Booten hinüber und wohnte dem Feste bei, aber zwischen Gespräch und Flötenklang vernahm er immerzu die geheimnisvolle Stimme des Fremden, und seine Seele schien mit jenem dahingegangen, denn er saß fremd und mit träumenden Augen unter den Fröhlichen, die ihn mit seiner Verliebtheit neckten.

Wenige Tage später wollte Han Fooks Vater seine Freunde und Verwandten berufen, um den Tag der Vermählung zu bestimmen. Da widersetzte sich der Bräutigam und sagte: »Verzeihe mir, wenn ich gegen den Gehorsam zu verstoßen scheine, den der Sohn dem Vater schuldet. Aber du weißt, wie sehr es mein Verlangen ist, in der Kunst der Dichter mich auszuzeichnen, und wenn auch einige meiner Freunde meine Gedichte loben, so weiß ich doch wohl, daß ich noch ein Anfänger und noch auf den ersten Stufen des Weges bin. Darum bitte ich dich, laß mich noch eine Weile in die Einsamkeit gehen und meinen Studien nachhängen, denn mir scheint, wenn ich erst eine Frau und ein Haus zu regieren habe, wird dies mich von jenen Dingen abhalten. Jetzt aber bin ich noch jung und ohne andere Pflichten und möchte noch eine Zeit allein für meine Dichtkunst leben, von der ich Freude und Ruhm erhoffe.«

Die Rede setzte den Vater in Erstaunen, und er sagte: »Diese Kunst muß dir wohl über alles lieb sein, da du ihretwegen sogar deine Hochzeit verschieben willst. Oder ist etwas zwischen dich und deine Braut gekommen, so sage es mir, daß ich dir helfen kann, sie zu versöhnen oder dir eine andere zu verschaffen.«

Der Sohn schwur aber, daß er seine Braut nicht weniger liebe als gestern und immer und daß nicht der Schatten eines Streites zwischen ihn und sie gefallen sei. Und zugleich erzählte er seinem Vater, daß ihm durch einen Traum am Tag des Lampenfestes ein Meister kundgeworden sei, dessen Schüler zu werden er sehnlicher wünsche als alles Glück der Welt.

»Wohl«, sprach der Vater, »so gebe ich dir ein Jahr. In dieser Zeit magst du deinem Traum nachgehen, der vielleicht von einem Gott zu dir gesandt worden ist.«

»Es mögen auch zwei Jahre werden«, sagte Han Fook zögernd, »wer will das wissen?«

Da ließ ihn der Vater gehen und war betrübt, der Jüngling aber schrieb seiner Braut einen Brief, verabschiedete sich und zog davon.

Als er sehr lange gewandert war, erreichte er die Quelle des Flusses und fand in großer Einsamkeit eine Bambushütte stehen, und vor der Hütte saß auf einer geflochtenen Matte der alte Mann, den er am Ufer bei dem Baumstamm gesehen hatte. Er saß und spielte die Laute, und als er den Gast sich mit Ehrfurcht nähern sah, erhob er sich nicht, noch grüßte er ihn, sondern lächelte nur und ließ die zarten Finger über die Saiten laufen, und eine zauberhafte Musik floß wie eine silberne Wolke durch das Tal, daß der Jüngling stand und sich verwunderte und in süßem Erstaunen alles andere vergaß, bis der Meister des vollkommenen Wortes seine kleine Laute beiseite legte und in die Hütte trat. Da folgte ihm Han Fook mit Ehrfurcht und blieb bei ihm als sein Diener und Schüler.

Ein Monat verging, da hatte er gelernt, alle Lieder, die er zuvor gedichtet hatte, zu verachten, und er tilgte sie aus seinem Gedächtnisse. Und wieder nach Monaten tilgte er auch die Lieder, die er daheim von seinen Lehrern gelernt hatte, aus seinem Gedächtnis. Der Meister sprach kaum ein Wort mit ihm, er lehrte ihn schweigend die Kunst des Lautenspieles, bis das Wesen des Schülers ganz von Musik durchflossen war. Einst machte Han Fook ein kleines Gedicht, worin er den Flug zweier Vögel am herbstlichen Himmel beschrieb und das ihm wohlgefiel. Er wagte nicht, es dem Meister zu zeigen, aber er sang es eines Abends abseits von der Hütte, und der Meister hörte es wohl. Er sagte jedoch kein Wort. Er spielte nur leise auf seiner Laute, und alsbald ward die Luft kühl und die Dämmerung beschleunigt, ein scharfer Wind erhob sich, obwohl es mitten im Sommer war, und über den grau gewordenen Himmel flogen zwei Reiher in mächtiger Wandersehnsucht, und alles dies war so viel schöner und vollkommener als des Schülers Verse, daß dieser traurig wurde und schwieg und sich wertlos fühlte. Und so tat der Alte jedesmal, und als ein Jahr vergangen war, da hatte Han Fook das Lautenspiel beinahe vollkommen erlernt, die Kunst der Dichtung aber sah er immer schwerer und erhabener stehen.

Als zwei Jahre vergangen waren, spürte der Jüngling ein heftiges Heimweh nach den Seinigen, nach der Heimat und nach seiner Braut, und er bat den Meister, ihn reisen zu lassen.

Der Meister lächelte und nickte. »Du bist frei«, sagte er, »und kannst gehen, wohin du willst. Du magst wiederkommen, du magst wegbleiben, ganz wie es dir gefällt.«

Da machte sich der Schüler auf die Reise und wanderte rastlos, bis er eines Morgens in der Dämmerung am heimatlichen Ufer stand und über die gewölbte Brücke nach seiner Vaterstadt hinübersah. Er schlich verstohlen in seines Vaters Garten und hörte durchs Fenster des Schlafzimmers seines Vaters Atem gehen, der noch schlief, und er stahl sich in den Baumgarten beim Hause seiner Braut und sah vom Wipfel eines Birnbaumes, den er erstieg, seine Braut in der Kammer stehen und ihre Haare kämmen. Und indem er dies alles, wie er es mit seinen Augen sah, mit dem Bilde verglich, das er in seinem Heimweh davon gemalt hatte, ward es ihm deutlich, daß er doch zum Dichter bestimmt sei, und er sah, daß in den Träumen der Dichter eine Schönheit und Anmut wohnt, die man in den Dingen der Wirklichkeit vergeblich sucht. Und er stieg von dem Baume herab und floh aus dem Garten und über die Brücke aus seiner Vaterstadt und kehrte in das hohe Tal im Gebirge zurück. Da saß wie einstmals der alte Meister vor seiner Hütte auf der bescheidenen Matte und schlug mit seinen Fingern die Laute, und statt der Begrüßung sprach er zwei Verse von den Beglückungen der Kunst, bei deren Tiefe und Wohllaut dem Jünger die Augen voll Tränen wurden.

Wieder blieb Han Fook bei dem Meister des vollkommenen Wortes, der ihn nun, da er die Laute beherrschte, auf der Zither unterrichtete, und die Monate schwanden hinweg wie Schnee im Westwinde. Noch zweimal geschah es, daß ihn das Heimweh übermannte. Das eine Mal lief er heimlich in der Nacht davon, aber noch ehe er die letzte Krümmung des Tales erreicht hatte, lief der Nachtwind über die Zither, die in der Tür der Hütte hing, und die Töne flohen ihm nach und riefen ihn zurück, daß er nicht widerstehen konnte. Das andere Mal aber träumte ihn, er pflanze einen jungen Baum in seinen Garten, und sein Weib stünde dabei, und seine Kinder begössen den Baum mit Wein und Milch. Als er erwachte, schien der Mond in seine Kammer, und er erhob sich verstört und sah nebenan den Meister im Schlummer liegen und seinen greisen Bart sachte zittern; da überfiel ihn ein bitterer Haß gegen diesen Menschen, der, wie ihm schien, sein Leben zerstört und ihn um seine Zukunft betrogen habe. Er wollte sich über ihn stürzen und ihn ermorden, da schlug der der Greis die Augen auf und begann alsbald mit einer feinen, traurigen Sanftmut zu lächeln, die den Schüler entwaffnete.

»Erinnere dich, Han Fook«, sagte der Alte leise, »du bist frei, zu tun, was dir beliebt. Du magst in deine Heimat gehen und Bäume pflanzen, du magst mich hassen und erschlagen, es ist wenig daran gelegen.«

»Ach, wie könnte ich dich hassen«, rief der Dichter in heftiger Bewegung. »Das ist, als ob ich den Himmel selbst hassen wollte.«

Und er blieb und lernte die Zither spielen, und danach die Flöte, und später begann er unter des Meisters Anweisung Gedichte zu machen, und er lernte langsam jene heimliche Kunst, scheinbar nur das Einfache und Schlichte zu sagen, damit aber in des Zuhörers Seele zu wühlen wie der Wind in einem Wasserspiegel. Er beschrieb das Kommen der Sonne, wie sie am Rand des Gebirges zögert, und das lautlose Huschen der Fische, wenn sie wie Schatten unter dem Wasser hinfliehen, oder das Wiegen einer jungen Weide im Frühlingswind, und wenn man es hörte, so war es nicht die Sonne und das Spiel der Fische und das Flüstern der Weide allein, sondern es schien der Himmel und die Welt jedesmal für einen Augenblick in vollkommener Musik zusammenzuklingen, und jeder Hörer dachte dabei mit Lust oder Schmerzen an das, was er liebte oder haßte, der Knabe ans Spiel, der Jüngling an die Geliebte und der Alte an den Tod.

Han Fook wußte nicht mehr, wie viele Jahre er bei dem Meister an der Quelle des großen Flusses verweilt habe; oft schien es ihm, als sei er erst gestern abend in dieses Tal getreten und vom Saitenspiel des Alten empfangen worden, oft auch war ihm, als seien hinter ihm alle Menschenalter und Zeiten hinabgefallen und wesenlos geworden.

Da erwachte er eines Morgens allein in der Hütte, und wo er auch suchte und rief, der Meister war verschwunden. Über Nacht schien plötzlich der Herbst gekommen, ein rauher Wind rüttelte an der alten Hütte, und über den Grat des Gebirges flogen große Scharen von Zugvögeln, obwohl es noch nicht ihre Zeit war.

Da nahm Han Fook die kleine Laute mit sich und stieg in das Land seiner Heimat hinab, und wo er zu Menschen kam, begrüßten sie ihn mit dem Gruß, der den Alten und Vornehmen zukommt, und als er in seine Vaterstadt kam, da war sein Vater und seine Braut und seine Verwandtschaft gestorben, und andere Menschen wohnten in ihren Häusern. Am Abend aber wurde das Lampenfest auf dem Flusse gefeiert, und der Dichter Han Fook stand jenseits auf dem dunkleren Ufer, an den Stamm eines alten Baumes gelehnt, und als er auf seiner kleinen Laute zu spielen begann, da seufzten die Frauen und blickten entzückt und beklommen in die Nacht, und die jungen Mädchen riefen nach dem Lautenspieler, den sie nirgends finden konnten, und riefen laut, daß noch keiner von ihnen jemals solche Töne einer Laute gehört habe. Han Fook aber lächelte. Er schaute in den Fluß, wo die Spiegelbilder der tausend Lampen schwammen; und wie er die Spiegelbilder nicht mehr von den wirklichen zu unterscheiden wußte, so fand er in seiner Seele keinen Unterschied zwischen diesem Feste und jenem ersten, da er hier als ein Jüngling gestanden war und die Worte des fremden Meisters vernommen hatte. (1914)

Der Waldmensch

Im Anfang der ersten Zeitalter, noch ehe die junge Menschheit sich über die Erde verbreitet hatte, waren die Waldmenschen. Diese lebten eng und scheu in der Dämmerung der tropischen Urwälder, stets im Streit mit ihren Verwandten, den Affen, und über ihrem Tun und Sein stand als einzige Gottheit und einziges Gesetz: der Wald. Der Wald war Heimat, Schutzort, Wiege, Nest und Grab, und außerhalb des Waldes vermochte man sich kein Leben zu denken. Man vermied es, bis an seine Ränder vorzudringen, und wer je durch besondere Schicksale auf Jagd oder Flucht dorthin verschlagen worden war, der erzählte zitternd und geängstigt von der weißen Leere draußen, wo man das furchtbare Nichts im tödlichen Sonnenbrande gleißen sähe. Es lebte ein alter Waldmann, der war vor Jahrzehnten, durch wilde Tiere verfolgt, über den äußersten Rand des Waldes hinaus geflohen und alsbald blind geworden. Er war jetzt eine Art Priester und Heiliger und hieß mata dalam (der das Auge inwendig hat); er hatte das heilige Waldlied gedichtet, das bei großen Gewittern gesungen wurde, und auf ihn hörten die Waldleute. Daß er die Sonne mit Augen gesehen hatte, ohne daran zu sterben, das war sein Ruhm und sein Geheimnis.

Die Waldmenschen waren klein und braun und stark behaart, sie gingen vorgebückt und hatten scheue Wildaugen. Sie konnten wie Menschen und wie Affen gehen und fühlten sich hoch im Geäst des Waldes ebenso sicher wie am Boden. Häuser und Hütten kannten sie noch nicht, wohl aber mancherlei Waffen und Gerätschaften, auch Schmuck. Sie verstanden Bogen, Pfeile, Lanzen und Streitkolben aus harten Hölzern zu machen, Halsbänder aus Bast und mit getrockneten Beeren oder Nüssen behängt, auch trugen sie um den Hals oder im Haar ihre Kostbarkeiten: Eberzahn, Tigerkralle, Papageienfeder, Flußmuschel. Mitten durch den unendlichen Wald floß der große Strom, die Waldmenschen wagten sein

Ufer aber nur in dunkler Nacht zu betreten, und viele hatten ihn nie gesehen. Die Mutigeren schlichen zuweilen des Nachts aus dem Dickicht hervor, scheu und lauernd, dann sahen sie im schwachen Schimmer die Elefanten baden, blickten durch die überhängenden Baumwipfel und sahen erschrocken im Netzwerk der vielarmigen Mangrovebäume die glänzenden Sterne hängen. Die Sonne sahen sie niemals, und es galt schon für äußerst gefährlich, ihr Spiegelbild im Sommer zu erblicken.

Zu jenem Stamme von Waldleuten, welchem der blinde mata dalam vorstand, gehörte auch der Jüngling Kubu, und er war der Führer und Vertreter der Jungen und Unzufriedenen. Es gab nämlich Unzufriedene, seit mata dalam älter und herrschsüchtiger geworden war. Bisher war es sein Vorrecht gewesen, daß er, der Blinde, von den andern mit Speise versorgt wurde, auch fragte man ihn um Rat und sang sein Waldlied. Allmählich aber führte er allerlei neue und lästige Bräuche ein, welche ihm, wie er sagte, von der Gottheit des Waldes im Traum waren geoffenbart worden. Ein paar Junge und Zweifler aber behaupteten, der Alte sei ein Betrüger und suche nur seinen eigenen Vorteil.

Das Neueste, was mata dalam eingeführt hatte, war eine Neumondfeier, wobei er in der Mitte eines Kreises saß und die Rindentrommel schlug. Die anderen Waldleute aber mußten so lange im Kreise tanzen und das Lied golo elah dazu singen, bis sie todmüde waren und in die Knie sanken. Dann mußte ein jeder sich das linke Ohr mit einem Dorn durchbohren, und die jungen Weiber mußten zu dem Priester geführt werden, und er durchbohrte einer jeden das Ohr mit einem Dorn.

Dieser Sitte hatte sich Kubu samt einigen seiner Altersgenossen entzogen, und ihr Bestreben war, auch die jungen Mädchen zum Widerstand zu überreden. Einmal hatten sie Aussicht, zu siegen und die Macht des Priesters zu brechen. Der Alte nämlich hielt wieder Neumondfest und durchbohrte den Weibchen das linke Ohr. Ein kräftiger Junge aber schrie dabei furchtbar und leistete Widerstand, und darüber passierte es dem Blinden, daß er ihr mit dem Dorn ins Auge stach, und das Auge lief aus. Jetzt schrie das Mädchen so verzweifelt, daß alle herbeiliefen, und als man sah, was geschehen war, schwieg man betroffen und unwillig. Als aber nun die Jungen sich triumphierend darein mischten und als der Kubu den Priester an der Schulter zu packen wagte, da stand der Alte vor seiner Trommel auf und sagte mit krähend höhnischer Stimme einen so grauenhaften Fluch, daß alle entsetzt zurückflohen und dem Jüngling selber das Herz vor Entsetzen gefror. Der alte Priester sagte Worte, deren genauen Sinn niemand verstehen konnte, deren Art und Ton aber wild und grausig an die gefürchteten heiligen Worte der Gottesdienste anklang. Und er verfluchte des Jünglings Augen, die er dem Geier zum Fraße zusprach, und verfluchte seine Eingeweide, von welchen er prophezeite, sie werden eines Tages im freien Felde in der Sonne rösten. Dann aber befahl der Priester, der im Augenblick mehr Macht hatte als jemals, das junge Mädchen nochmals zu sich und stieß ihr den Dorn auch ins zweite Auge, und jedermann sah es mit Entsetzen, und niemand wagte zu atmen.

»Du wirst draußen sterben«, hatte der Alte dem Kubu geflucht, und seither mied man den Jüngling als einen Hoffnungslosen. »Draußen« – das hieß: außerhalb der Heimat, außerhalb des dämmernden Waldes! »Draußen«, das bedeutete Schrecken, Sonnenbrand und glühende, tödliche Leere.

Entsetzt war Kubu weit hinweg geflohen, und als er sah, daß jedermann vor ihm zurückwich, da verbarg er sich in einem hohlen Stamme und gab sich verloren. Tage und Nächte lag er, wechselnd zwischen Todesangst und Trotz, und ungewiß, ob nun die Leute seines Stammes kommen würden, ihn zu erschlagen, oder ob die Sonne selbst durch den Wald brechen, ihn belagern und erjagen und erlegen werde. Es kam aber weder Pfeil noch Lanze, weder Sonne noch Blitzstrahl, es kam nichts als eine tiefe Erschlaffung und die brüllende Stimme des Hungers.

Da stand Kubu wieder auf und kroch aus dem Baume, nüchtern und beinahe mit einem Gefühl von Enttäuschung.

»Es ist nichts mit dem Fluch des Priesters«, dachte er verwundert, und dann suchte er sich Speise, und als er gegessen hatte und wieder das Leben durch seine Glieder kreisen fühlte, da kam Stolz und Haß in seine Seele zurück. Jetzt wollte er nicht mehr zu den Seinen zurückkehren. Jetzt wollte er ein Einsamer und Ausgestoßener sein, einer, den man haßte und dem der Priester, das blinde Vieh, ohnmächtige Verfluchungen nachrief. Er wollte allein sein und allein bleiben, zuvor aber wollte er seine Rache nehmen.

Und er ging und sann. Er dachte über alles nach, was ihm jemals Zweifel erweckt hatte und als Trug erschienen war, und vor allem über die Trommel des Priesters und seine Feste, und je mehr er dachte und je länger er allein war, desto klarer konnte er sehen: ja, es war Trug, es war alles nur Trug und Lüge. Und da er schon so weit war, dachte er noch weiter und richtete sein wachsam gewordenes Mißtrauen vollends auf alles, was als wahr und heilig galt. Wie stand es zum Beispiel mit dem Waldgotte und mit dem heiligen Waldliede? Oh, auch damit war es nichts, auch das war Schwindel! Und ein heimliches Entsetzen überwindend, stimmte er das Waldlied an, höhnisch mit verächtlicher Stimme und alle Worte verdrehend, und er rief dreimal den Namen der Waldgottheit, den außer dem Priester niemand bei Todesstrafe nennen durfte, und es blieb alles ruhig, und kein Sturm brach los, und kein Blitz zuckte nieder!

Manche Tage und Wochen irrte der Vereinsamte so umher, Falten über den Augen und mit stechendem Blick. Er ging auch, was noch niemand gewagt hatte, bei Vollmond an das Ufer des Stromes. Dort blickte er erst dem Spiegelbild des Mondes und dann dem Vollmond selber und allen Sternen

lang und kühn in die Augen, und es geschah ihm kein Leid. Ganze Mondnächte saß er am Ufer, schwelgte im verbotenen Lichtrausch und pflegte seine Gedanken. Viele kühne und schreckliche Pläne stiegen in seiner Seele auf. Der Mond ist mein Freund, dachte er, und der Stern ist mein Freund, aber der alte Blinde ist mein Feind. Also ist das »Draußen« vielleicht besser als unser Drinnen, und vielleicht ist die ganze Heiligkeit des Waldes auch nur ein Gerede! Und er kam, um Generationen vor allen Menschen voraus, eines Nachts auf die verwegene und fabelhafte Idee, man könne ganz wohl einige Baumäste mit Bast zusammenbinden, sich darauf setzen und den Strom hinunterschwimmen. Seine Augen funkelten, und sein Herz schlug gewaltig. Aber es war nichts damit; der Strom war voll von Krokodilen.
Dann gab es also keinen anderen Weg in die Zukunft als den, den Wald an seinem Rande zu verlassen, falls es überhaupt ein Ende des Waldes gab, und sich alsdann der glühenden Leere, dem bösen »Draußen« anzuvertrauen. Jenes Ungeheuer, die Sonne mußte aufgesucht und bestanden werden. Denn – wer weiß? – am Ende war auch die uralte Lehre von der Furchtbarkeit der Sonne nur so eine Lüge!
Dieser Gedanke, der letzte in einer kühnen, fiebrig wilden Reihe, machte den Kubu erzittern. Das hatte in allen Weltaltern noch niemals ein Waldmensch gewagt, freiwillig den Wald zu verlassen und sich der schrecklichen Sonne auszusetzen. Und wieder ging er Tage um Tage, seinen Gedanken tragend. Und endlich faßte er Mut. Er schlich mit Zittern am hellen Mittag gegen den Fluß, näherte sich lauernd dem glitzernden Ufer und suchte mit bangen Augen das Bildnis der Sonne im Wasser. Der Glanz schmerzte heftig in den geblendeten Augen, er mußte sie rasch wieder schließen, aber nach einer Weile wagte er es wieder und dann nochmals, und es gelang. Es war möglich, es war zu ertragen, und es machte sogar froh und mutig. Kubu hatte Vertrauen zur Sonne gefaßt. Er liebte sie, auch wenn sie ihn töten sollte,

und er haßte den alten, finstern, faulen Wald, wo die Priester quäkten und wo er, der Junge und Mutige, verfemt und ausgestoßen worden war.
Jetzt war sein Entschluß reif geworden, und er pflückte die Tat wie eine süße Frucht. Mit einem neuen, zügigen Hammer aus Eisenholz, dem er einen ganz dünnen und leichten Stiel gegeben hatte, ging er in der nächsten Morgenfrühe dem mata dalam nach, fand seine Spur und fand ihn selbst, schlug ihm den Hammer auf den Kopf und sah seine Seele aus dem gekrümmten Maul entfliehen. Er legte ihm seine Waffe auf die Brust, damit man wisse, durch wen der Alte gestorben sei, und auf die glatte Fläche des Hammers hatte er mit einer Muschelscheibe mühsam eine Schilderung geritzt, einen Kreis mit mehreren geraden Strahlen: das Bildnis der Sonne.
Mutig trat er seine Wanderschaft nach dem fernen »Draußen« an und ging vom Morgen bis zur Nacht in gerader Richtung und schlief nachts im Gezweige und setzte in der Frühe sein Wandern fort, viele Tage lang, über Bäche und schwarze Sümpfe, und schließlich über ansteigendes Land und moosige Steinbänke, wie er sie nie gesehen hatte, und endlich steiler hinan, von Schluchten aufgehalten, ins Gebirge hinein, immer durch den ewigen Wald, so daß er am Ende zweifelhaft und traurig wurde und den Gedanken erwog, vielleicht möchte es doch den Geschöpfen des Waldes von einem Gotte verboten sein, ihre Heimat zu verlassen.
Und da kam er eines Abends, nachdem er seit langem immerzu gestiegen und in immer höhere, trockenere, leichtere Lüfte gekommen war, unversehens an ein Ende. Der Wald hörte auf, aber mit ihm auch der Erdboden, es stürzte hier der Wald ins Leere der Luft hinab, als wäre an dieser Stelle die Welt entzweigebrochen. Zu sehen war nichts als eine ferne schwache Röte und oben einige Sterne, denn die Nacht hatte schon begonnen.
Kubu setzte sich an den Rand der Welt und band sich an den

Schlingpflanzen fest, daß er nicht hinunterfalle. In Grauen und wilder Erregung verbrachte er kauernd die Nacht, ohne ein Auge zu schließen, und beim ersten Grauen der Frühe sprang er ungeduldig auf seine Füße und wartete, über das Leere gebeugt, auf den Tag.

Gelbe Streifen schönen Lichts erglommen in der Ferne, und der Himmel schien in Erwartung zu zittern, wie Kubu zitterte, der noch niemals das Werden des Tages im weiten Luftraum gesehen hatte. Und gelbe Lichtbündel flammten auf, und plötzlich sprang jenseits der ungeheuren Weltenschlucht die Sonne groß und rot in den Himmel. Sie sprang empor aus einem endlosen grauen Nichts, welches alsbald blauschwarz wurde: das Meer.

Und vor dem zitternden Waldmann lag entschleiert das »Draußen«. Vor seinen Füßen stürzte der Berg hinab bis in unkenntliche rauchende Tiefen, gegenüber sprang rosig und juwelenhaft ein Felsgebirge empor, zur Seite lag fern und riesig das dunkle Meer, und die Küste lief weiß und schaumig mit kleinen nickenden Bäumen darum her. Und über dies alles, über diese tausend neuen, fremden gewaltigen Formen zog die Sonne herauf und wälzte einen glühenden Strom von Licht über die Welt, die in lachenden Farben entbrannte.

Kubu vermochte nicht, der Sonne ins Gesicht zu sehen. Aber er sah ihr Licht in farbigen Fluten um die Berge und Felsen und Küsten und fernen blauen Inseln strömen, und er sank nieder und neigte sein Gesicht zur Erde vor den Göttern dieser strahlenden Welt. Ach, wer war er, Kubu?! Er war ein kleines schmutziges Tier, das sein ganzes dumpfes Leben im dämmerigen Sumpfloch des dicken Waldes hingebracht hatte, scheu und finster und niederträchtigen Winkelgottheiten untertan. Aber hier war die Welt, und ihr oberster Gott war die Sonne, und der lange schmähliche Traum seines Waldlebens lag dahinten und begann schon jetzt in seiner Seele zu erlöschen wie das fahle Bild des toten Priesters. Auf Händen und Füßen kletterte Kubu den steilen Abgrund hinab, dem Licht und dem Meere entgegen, und über seine Seele zitterte in flüchtigem Glücksrausch die traumhafte Ahnung einer hellen, von der Sonne regierten Erde, auf welcher helle, befreite Wesen im Lichte lebten und niemand untertan wären als der Sonne. (1914)

Merkwürdige Nachricht von einem andern Stern

In einer der Südprovinzen unseres schönen Sterns war ein gräßliches Unglück geschehen. Ein von furchtbaren Gewitterstürmen und Überschwemmungen begleitetes Erdbeben hatte drei große Dörfer und alle ihre Gärten, Felder, Wälder und Pflanzungen beschädigt. Eine Menge von Menschen und Tieren war umgekommen, und, was am meisten traurig war, es fehlte durchaus an der notwendigen Menge von Blumen, um die Toten einzuhüllen und ihre Ruhestätten geziemend zu schmücken.

Für alles andere war natürlich sofort gesorgt worden. Boten mit dem großen Liebesruf hatten alsbald nach der schrecklichen Stunde die benachbarten Gegenden durcheilt, und von allen Türmen der ganzen Provinz hörte man die Vorsänger jenen rührenden und herzbewegenden Vers singen, der seit alters als der Gruß an die Göttin des Mitleids bekannt ist und dessen Tönen niemand widerstehen konnte. Es kamen aus allen Städten und Gemeinden her alsbald Züge von Mitleidigen und Hilfsbereiten herbei, und die Unglücklichen, welche das Dach über dem Haupte verloren hatten, wurden mit freundlichen Einladungen und Bitten überhäuft, hier und dort bei Verwandten, bei Freunden, bei Fremden Wohnung zu nehmen. Speise und Kleider, Wagen und Pferde, Werkzeuge, Steine und Holz und viele andere Dinge wurden von allen Seiten her zu Hilfe gebracht, und während die Greise, Weiber und Kinder noch von mildtätigen Händen tröstlich und gastlich hinweggeführt wurden, während man die Verletzten sorgfältig wusch und verband und unter den Trümmern nach den Toten suchte, da waren andere schon daran gegangen, eingestürzte Dächer abzuräumen, wankende Mauern mit Balken abzustützen und alles Notwendige für den raschen Neubau vorzubereiten. Und obwohl von dem Unglück her noch ein Hauch von Grauen in den Lüften hing und von allen den Toten eine Mahnung zu Trauer und ehrerbietigem Schweigen ausging, war dennoch in allen Gesichtern und Stimmen eine freudige Bereitschaft und eine gewisse zarte Festlichkeit zu verspüren; denn die Gemeinsamkeit eines fleißigen Tuns und die erquickende Gewißheit, etwas so ungemein Notwendiges, etwas so Schönes und Dankenswertes zu tun, strömte in alle Herzen über. Anfangs war alles noch in Scheu und Schweigen geschehen, bald aber wurde da und dort eine fröhliche Stimme, ein leise zur gemeinsamen Arbeit gesungenes Lied hörbar, und wie man sich denken kann, waren unter allem, was gesungen wurde, obenan die beiden alten Spruchverse: Selig, Hilfe zu bringen dem frisch von der Not Überfallenen; trinkt nicht sein Herz die Wohltat wie ein dürrer Garten den ersten Regen, und gibt Antwort in Blumen der Dankbarkeit?« Und jener andere: »Heiterkeit Gottes strömt aus gemeinsamem Handeln.«

Aber nun entstand eben jener beklagenswerte Mangel an Blumen. Die Toten zwar, die man zuerst gefunden hatte, waren mit den Blumen und Zweigen geschmückt worden, welche man noch aus den zerstörten Gärten gesammelt hatte. Dann hatte man begonnen, aus den benachbarten Orten alle erreichbaren Blumen zu holen. Aber dies war eben das besondere Unglück, daß gerade die drei zerstörten Gemeinden die größten und schönsten Gärten für die Blumen dieser Jahreszeit besessen hatten. Hierher war man in jedem Jahre gekommen, um die Narzissen und die Krokus zu sehen, deren es nirgends sonst solche unabsehbare Mengen gab und so gepflegte, wunderbar gefärbte Arten; und das alles war nun zerstört und verdorben. So stand man bald ratlos und wußte nicht, wie man an allen diesen Toten das Gebot der Sitte erfüllen sollte, welches doch verlangt, daß jeder gestorbene Mensch und jedes gestorbene Tier festlich mit den Blumen der Jahreszeit geschmückt und daß seine Bestattung desto reicher und prangender begangen werde, je plötzlicher und trauriger einer ums Leben gekommen ist.

Der Älteste der Provinz, der als einer der ersten von den Hilfebringenden in seinem Wagen erschienen war, fand sich bald so sehr von Fragen, Bitten und Klagen bestürmt, daß er Mühe hatte, seine Ruhe und Heiterkeit zu bewahren. Aber er hielt sein Herz in festen Händen, seine Augen blieben hell und freundlich, seine Stimme klar und höflich und seine Lippen unter dem weißen Barte vergaßen nicht einen Augenblick das stille und gütige Lächeln, das ihm als einem Weisen und Ratgeber anstand.
»Meine Freunde«, sagte er, »es ist ein Unglück über uns gekommen, mit welchem die Götter uns prüfen wollen. Alles, was hier vernichtet ist, werden wir unsern Brüdern bald wieder aufbauen und zurückgeben können, und ich danke den Göttern, daß ich im hohen Alter dieses noch erleben durfte, wie ihr alle gekommen seid und das Eure habet liegen lassen, um unsern Brüdern zu helfen. Wo aber nehmen wir nun die Blumen her, um alle diese Toten schön und anständig für das Fest ihrer Verwandlung zu schmücken? Denn es darf, solange wir da sind und leben, nicht geschehen, daß ein einziger von diesen müden Pilgern ohne sein richtiges Blumenopfer begraben werde. Dies ist ja wohl eure Meinung.«
»Ja«, riefen alle, »das ist auch unsere Meinung.« »Ich weiß es«, sagte der Älteste mit seiner väterlichen Stimme. »Ich will nun sagen, was wir tun müssen, ihr Freunde. Wir müssen alle jene Ermüdeten, welche wir heute nicht begraben können, in den großen Sommertempel hoch ins Gebirge bringen, wo jetzt noch der Schnee liegt. Dort sind sie sicher und werden sich nicht verändern, bis ihre Blumen herbeigeschafft sind. Aber da ist nur Einer, der uns zu so vielen Blumen in dieser Jahreszeit helfen könnte. Das kann nur der König. Darum müssen wir einen von uns zum König senden, daß er ihn um Hilfe bitte.«
Und wieder nickten alle und riefen: »Ja, ja, zum König!«
»So ist es«, fuhr der Älteste fort, und unter dem weißen Bart sah jedermann mit Freude sein schönes Lächeln glänzen.

»Wen aber sollen wir zum König schicken? Er muß jung und rüstig sein, denn der Weg ist weit, und wir müssen ihm unser bestes Pferd mitgeben. Er muß aber auch hübsch und guten Herzens sein und viel Glanz in den Augen haben, damit ihm das Herz des Königs nicht widerstehen kann. Worte braucht er nicht viele zu sagen, aber seine Augen müssen reden können. Am besten wäre es wohl, ein Kind zu senden, das hübscheste Kind aus der Gemeinde, aber wie könnte das eine solche Reise tun? Ihr müsset mir helfen, meine Freunde, und wenn einer da ist, der die Botschaft auf sich nehmen will, oder wenn jemand einen kennt und weiß, so bitte ich ihn, es zu sagen.«

Der Älteste schwieg und blickte mit seinen hellen Augen umher, es trat aber niemand vor, und keine Stimme meldete sich.

Als er seine Frage nochmals und zum drittenmal wiederholte, da kam ihm aus der Menge ein Jüngling entgegen, sechzehn Jahre alt und beinahe noch ein Knabe. Er schlug die Augen zu Boden und wurde rot, als er den Ältesten begrüßte.

Der Älteste sah ihn an und sah im Augenblick, daß dieser der rechte Bote sei. Aber er lächelte und sagte: »Das ist schön, daß du unser Bote sein willst. Aber wie kommt es denn, daß unter all diesen vielen gerade du es bist, der sich anbietet?«

Da hob der Jüngling seine Augen zu dem alten Manne auf und sagte: »Wenn kein andrer da ist, der gehen will, so lasset mich gehen.«

Einer aus der Menge aber rief: »Schicket ihn, Ältester, wir kennen ihn. Er stammt aus diesem Dorfe hier, und das Erdbeben hat seinen Blumengarten verwüstet, es war der schönste Blumengarten in unserm Ort.«

Freundlich blickte der Alte dem Knaben in die Augen und fragte: »Tut es dir so leid um deine Blumen?«

Der Jüngling gab ganz leise Antwort: »Es tut mir leid, aber

nicht darum habe ich mich gemeldet. Ich habe einen lieben Freund gehabt, und auch ein junges schönes Lieblingspferd, die sind beide im Erdbeben umgekommen, und sie liegen in unsrer Halle, und es müssen Blumen da sein, damit sie begraben werden können.«

Der Älteste segnete ihn mit aufgelegten Händen, und alsbald wurde das beste Pferd für ihn ausgesucht, und er sprang augenblicklich auf den Rücken des Pferdes, klopfte ihm den Hals und nickte Abschied, dann sprengte er aus dem Dorfe und quer über die nassen und verwüsteten Felder hin von dannen.

Den ganzen Tag war der Jüngling geritten. Um schneller zu der fernen Hauptstadt und zum König zu kommen, schlug er den Weg über das Gebirge ein, und am Abend, als es zu dunkeln anfing, führte er sein Roß am Zügel einen steilen Weg durch Wald und Felsen hinan.

Ein großer dunkler Vogel, wie er noch keinen gesehen hatte, flog ihm voraus, und er folgte ihm, bis der Vogel sich auf dem Dache eines kleinen offenen Tempels niederließ. Der Jüngling ließ sein Roß im Waldgras stehen und trat zwischen den hölzernen Säulen in das einfache Heiligtum. Als Opferstein fand er nur einen Felsblock aufgestellt, einen Block aus schwarzem Gestein, wie man es in der Gegend nicht fand, und darauf das seltene Sinnbild einer Gottheit, die der Bote nicht kannte: ein Herz, an welchem ein wilder Vogel fraß.

Er bezeigte der Gottheit seine Ehrfurcht und brachte als Opfergabe eine blaue Glockenblume dar, die er am Fuß des Berges gepflückt und in sein Kleid gesteckt hatte. Alsdann legte er sich in einer Ecke nieder, denn er war sehr müde und dachte zu schlafen.

Aber er konnte den Schlaf nicht finden, der sonst jeden Abend ungerufen an seinem Lager stand. Die Glockenblume auf dem Felsen, oder der schwarze Stein selbst, oder was es sonst war, strömte einen sonderbar tiefen und schmerzlichen Duft aus, das unheimliche Sinnbild des Gottes schimmerte geisterhaft in der finstern Halle, und auf dem Dache saß der fremde Vogel und schlug von Zeit zu Zeit gewaltig mit seinen ungeheuren Flügeln, daß es rauschte wie Sturm in den Bäumen. So kam es, daß mitten in der Nacht sich der Jüngling erhob und aus dem Tempel trat und zu dem Vogel emporschaute. Der schlug mit den Flügeln und blickte den Jüngling an.

»Warum schläfst du nicht?« fragte der Vogel.

»Ich weiß nicht«, sagte der Jüngling. »Vielleicht, weil ich Leid erfahren habe.«

»Was für ein Leid hast du denn erfahren?«

»Mein Freund und mein Lieblingsroß sind beide umgekommen.«

»Ist denn Sterben so schlimm?« fragte der Vogel höhnend.

»Ach nein, großer Vogel, es ist nicht so schlimm, es ist nur ein Abschied, aber nicht darüber bin ich traurig. Schlimm ist, daß wir meinen Freund und mein schönes Pferd nicht begraben können, weil wir gar keine Blumen mehr haben.«

»Es gibt Schlimmeres als dies«, sagte der Vogel, und seine Flügel rauschten unwillig.

»Nein, Vogel, Schlimmeres gibt es gewiß nicht. Wer ohne Blumenopfer begraben wird, dem ist es verwehrt, nach seines Herzens Wunsche wiedergeboren zu werden. Und wer seine Toten begräbt und feiert nicht das Blumenfest dazu, der sieht die Schatten seiner Gestorbenen im Traum. Du siehst, schon kann ich nicht mehr schlafen, weil meine Toten noch ohne Blumen sind.«

Der Vogel schnarrte kreischend mit dem gebogenen Schnabel. »Junger Knabe, du weißt nichts von Leid, wenn du sonst nichts erfahren hast als dieses. Hast du denn nie von den großen Übeln reden hören? Vom Haß, vom Mord, von der Eifersucht?«

Der Jüngling, da er diese Worte aussprechen hörte, glaubte zu träumen. Dann besann er sich und sagte bescheiden: »Wohl, du Vogel, ich erinnere mich; davon steht in den alten Geschichten und Märchen geschrieben. Aber das ist ja außerhalb der Wirklichkeit, oder vielleicht war es einmal vor langer Zeit so auf der Welt, als es noch keine Blumen und noch keine guten Götter gab. Wer wird daran denken!«

Der Vogel lachte leise mit seiner scharfen Stimme. Dann reckte er sich höher und sagte zu dem Knaben: »Und nun willst du also zum König gehen, und ich soll dir den Weg zeigen?«

»Oh, du weißt es schon«, rief der Jüngling freudig. »Ja, wenn du mich führen willst, so bitte ich dich darum.«

Da senkte sich der große Vogel lautlos auf den Boden nieder, breitete seine Flügel lautlos auseinander und befahl dem Jüngling sein Pferd hier zurückzulassen und mit ihm zum König zu fahren.

Der Königsbote setzte sich und ritt auf dem Vogel. »Schließe die Augen!« befahl der Vogel, und er tat es, und sie flogen durch die Finsternis des Himmels lautlos und weich wie Eulenflug, nur die kalte Luft brauste an des Boten Ohren. Und sie flogen und flogen die ganze Nacht.

Als es früh am Morgen war, da hielten sie still, und der Vogel rief: »Tu deine Augen auf!« Und der Jüngling tat seine Augen auf. Da sah er, daß er am Rande eines Waldes stand, und unter ihm in der ersten Morgenhelle die glänzende Ebene, daß ihr Licht ihn blendete.

»Hier am Walde findest du mich wieder«, rief der Vogel. Er schoß in die Höhe wie ein Pfeil und war alsbald im Blauen verschwunden.

Seltsam war es dem jungen Boten, als er vom Walde in die weite Ebene hineinwanderte. Alles rings um ihn her war so verändert und verwandelt, daß er nicht wußte, ob er wach oder im Traume sei. Wiesen und Bäume standen ähnlich wie daheim, und Sonne schien, und Wind spielte in blühenden Gräsern, aber nicht Mensch noch Tier, nicht Haus noch Garten war zu sehen, sondern es schien hier gerade wie in des Jünglings Heimat ein Erdbeben gewütet zu haben; denn Trümmer von Gebäuden, zerbrochene Äste und umgerissene Bäume, zerstörte Zäune und verlorene Werkzeuge der Arbeit lagen am Boden verstreut, und plötzlich sah er da, mitten im Felde, einen toten Menschen liegen, der war nicht bestattet worden und lag grauenhaft in halber Verwesung. Der Jüngling fühlte bei diesem Anblick ein tiefes Grauen und einen Hauch von Ekel in sich aufsteigen, denn nie hatte er so etwas gesehen. Dem Toten war nicht einmal das Gesicht bedeckt, es schien von den Vögeln und von der Fäulnis schon halb zerstört, und der Jüngling brach mit abgewandten Blicken grüne Blätter und einige Blumen und deckte damit das Angesicht des Toten zu.

Ein namenlos scheußlicher und herzbeklemmender Geruch lag lau und zäh über der ganzen Ebene. Wieder lag ein Toter im Grase, von Rabenflug umkreist, und ein Pferd ohne Kopf, und Knochen von Menschen oder Tieren, und alle lagen verlassen in der Sonne, niemand schien an Blumenfest und Bestattung zu denken. Der Jüngling fürchtete, es möchte am Ende unausdenkliches Unglück alle und jeden Menschen in diesem Lande getötet haben, und es waren der Toten so manche, daß er aufhören mußte, ihnen Blumen zu brechen und das Gesicht zu bedecken. Ängstlich, mit halb geschlossenen Augen wanderte er weiter, und von allen Seiten strömte Aasgestank und Blutgeruch, und von tausend Trümmerstätten und Leichenstätten her flutete eine immer mächtigere Woge von unsäglichem Jammer und Leid. Der Bote meinte in einem argen Traume befangen zu sein und fühlte darin eine Mahnung der Himmlischen, weil seine Toten noch ohne Blumenfest und ohne Begräbnis waren. Da kam ihm wieder in den Sinn, was heute nacht der dunkle Vogel auf dem Dach des Tempels gesprochen hatte, und er meinte wieder seine scharfe Stimme zu hören, wie er sagte: »Es gibt viel Schlimmeres.«

Nun erkannte er, daß der Vogel ihn auf einen anderen Stern

gebracht habe und daß alles das, was seine Augen sahen, Wirklichkeit und Wahrheit sei. Er erinnerte sich an das Gefühl, mit dem er einigemal als Knabe schaurige Märchen aus der Urzeit hatte erzählen hören. Dieses nämliche Gefühl empfand er jetzt wieder: ein fröstelndes Grausen, und hinter dem Grausen einen stillen frohen Trost im Herzen, denn dies alles war ja unendlich fern und lang vergangen. Alles war hier wie ein Gruselmärchen, diese ganze seltsame Welt der Greuel und Leichen und Aasvögel schien ohne Sinn und ohne Zucht unverständlichen Regeln untertan, tollen Regeln, nach welchen immer das Schlechte, das Törichte, das Häßliche geschah statt des Schönen und Guten.

Indessen sah er nun einen lebendigen Menschen über das Feld gehen, einen Bauern oder Knecht, und er lief schnell zu ihm hinüber und rief ihn an. Als er ihn in der Nähe sah, erschrak der Jüngling, und sein Herz wurde von Mitleid überfallen, denn dieser Bauer sah furchtbar häßlich und kaum mehr wie ein Kind der Sonne aus. Er sah aus wie ein Mensch, der daran gewöhnt wäre, nur an sich selbst zu denken, der daran gewöhnt wäre, daß überall stets das Falsche, das Häßliche und Schlimme geschah, wie ein Mensch, der immerfort in grauenvollen Angstträumen lebte. In seinen Augen und in seinem ganzen Gesicht und Wesen war nichts von Heiterkeit oder Güte, nichts von Dankbarkeit und Vertrauen, jede einfachste und selbstverständliche Tugend schien diesem Unglücklichen zu mangeln.

Aber der Jüngling nahm sich zusammen, er näherte sich dem Menschen mit großer Freundlichkeit, als einem vom Unglück Gezeichneten, grüßte ihn brüderlich und redete ihn mit Lächeln an. Der Häßliche stand wie erstarrt und blickte verwundert aus großen, trüben Augen. Seine Stimme war roh und ohne Musik wie das Gebrüll niederer Wesen; aber es war ihm doch nicht möglich, der Heiterkeit und dem demütigen Vertrauen in des Jünglings Blick zu widerstehen. Und als er eine Weile auf den Fremdling gestarrt hatte, brach aus seinem zerklüfteten und rohen Gesicht eine Art von Lächeln oder Grinsen – häßlich genug, aber sanft und erstaunt, wie das erste kleine Lächeln einer wiedergeborenen Seele, die soeben aus dem untersten Bezirk der Erde gekommen wäre.

»Was willst du von mir?« fragte der Mensch den fremden Jüngling.

Nach der heimatlichen Sitte gab der Jüngling Antwort: »Ich danke dir, Freund, und ich bitte dich, mir zu sagen, ob ich dir einen Dienst erweisen kann.«

Als der Bauer schwieg und staunte und verlegen lächelte, fragte ihn der Bote: »Sag mir, Freund, was ist das hier, dieses Entsetzliche und Furchtbare?« und wies mit der Hand ringsum.

Der Bauer bemühte sich, ihn zu verstehen, und als der Bote seine Frage wiederholt hatte, sagte er: »Hast du das nie gesehen? Das ist der Krieg. Das ist ein Schlachtfeld.« Er zeigte auf einen schwarzen Trümmerhaufen und rief: »Das da war mein Haus«, und als der Fremde ihm voll herzlicher Teilnahme in die unreinen Augen blickte, schlug er sie nieder und sah zu Boden.

»Habt ihr keinen König?« fragte nun der Jüngling weiter, und als der Bauer bejahte, fragte er: »Wo ist er denn?« Der Mensch wies mit der Hand hinüber, wo ganz in der Weite ein Zeltlager klein und fern zu sehen war. Da nahm der Bote Abschied, indem er seine Hand auf des Menschen Stirn legte, und ging weiter. Der Bauer aber befühlte seine Stirn mit beiden Händen, schüttelte bekümmert den schweren Kopf und stand noch lange Zeit und starrte dem Fremden nach.

Der lief und lief über Schutt und Greuel hinweg, bis er an dem Zeltlager angekommen war. Da standen und liefen bewaffnete Männer überall, niemand wollte ihn sehen, und er ging zwischen den Menschen und Zelten hindurch, bis er das größte und schönste Zelt des Lagers fand, welches das Zelt des Königs war. Da ging er hinein.

Im Zelte saß auf einem einfachen niedern Lager der König,

sein Mantel lag neben ihm, und hinten im tieferen Schatten hockte ein Diener, der war eingeschlafen. Der König saß gebeugt in tiefen Gedanken. Sein Gesicht war schön und traurig, ein Büschel grauen Haares hing über seine gebräunte Stirn, sein Schwert lag vor ihm am Boden.

Der Jüngling grüßte stumm in tiefer Ehrerbietung, wie er seinen eigenen König begrüßt hätte, und er blieb wartend mit auf der Brust gekreuzten Armen stehen, bis der König ihn erblickte.

»Wer bist du?« fragte er streng und zog die dunklen Brauen zusammen, aber sein Blick blieb an den reinen und heitern Zügen des Fremden hängen, und der Jüngling blickte ihn so vertrauensvoll und freundlich an, daß des Königs Stimme milder wurde.

»Ich habe dich schon einmal gesehen«, sagte er nachsinnend, »oder du gleichst jemand, den ich in meiner Kindheit kannte.«

»Ich bin ein Fremder«, sagte der Bote.

»Dann ist es ein Traum gewesen«, sagte leise der König. »Du erinnerst mich an meine Mutter. Sprich zu mir. Erzähle mir.«

Der Jüngling begann: »Ein Vogel hat mich hergebracht. In meinem Lande war ein Erdbeben, da wollten wir unsre Toten bestatten, und keine Blumen waren da.«

»Keine Blumen?« sagte der König.

»Nein, gar keine Blumen mehr. Und nicht wahr, es ist doch schlimm, wenn man einen Toten bestatten soll und kann ihm kein Blumenfest feiern; denn er soll doch in Pracht und Freuden zu seiner Verwandlung eingehen.«

Da fiel dem Boten plötzlich ein, wie viele noch nicht bestattete Tote draußen auf dem schrecklichen Felde lagen, und er hielt inne, und der König sah ihn an und nickte und seufzte schwer.

»Ich wollte zu unserm König gehen und ihn um viele Blumen bitten«, fuhr der Bote fort, »aber als ich im Tempel auf dem Gebirge war, da kam der große Vogel und sagte, er

wolle mich zum König bringen, und er brachte mich durch die Lüfte zu dir. Oh, lieber König, es war der Tempel einer unbekannten Gottheit, auf dessen Dach der Vogel saß, und ein höchst seltsames Sinnbild hatte dieser Gott auf seinem Steine stehen: ein Herz, und an dem Herzen fraß ein wilder Vogel. Mit jenem großen Vogel aber hatte ich in der Nacht ein Gespräch, und erst jetzt kann ich seine Worte verstehen, denn er sagte, es gebe viel, viel mehr Leid und Schlimmes in der Welt, als ich wüßte. Und nun bin ich hier und bin über das große Feld her gekommen und habe in diesen Stunden unendliches Leid und Unglück gesehen, ach, viel mehr, als in unsren grausigsten Märchen steht. Da bin ich zu dir gekommen, o König, und ich möchte dich fragen, ob ich dir irgendeinen Dienst erweisen kann.«
Der König, welcher aufmerksam zugehört hatte, versuchte zu lächeln, aber sein schönes Gesicht war so ernst und so bitter traurig, daß er nicht lächeln konnte.
»Ich danke dir«, sagte er, »du kannst mir keinen Dienst erweisen. Du hast mich an meine Mutter erinnert, dafür danke ich dir.«
Der Jüngling war betrübt darüber, daß der König nicht lächeln konnte. »Du bist so traurig«, sagte er zu ihm, »ist das wegen dieses Krieges?«
»Ja«, sagte der König.
Der Jüngling konnte sich nicht enthalten, diesem tief bedrückten und doch, wie er spürte, edlen Menschen gegenüber eine Regel der Höflichkeit zu verletzen, indem er ihn fragte: »Aber sage mir, ich bitte darum, warum ihr denn auf eurem Sterne solche Kriege führt? Wer hat denn Schuld daran? Hast du selbst eine Schuld daran?«
Der König starrte lange auf den Boten, er schien über die Dreistigkeit seiner Frage unwillig. Doch vermochte er nicht, seinen finstern Blick lange in dem hellen und arglosen Blick des Fremden zu spiegeln.
»Du bist ein Kind«, sagte der König, »und das sind Dinge,

die du nicht verstehen könntest. Der Krieg ist niemandes Schuld, er kommt von selber wie Sturm und Blitz, und wir alle, die ihn kämpfen müssen, wir sind nicht seine Anstifter, wir sind nur seine Opfer.«

»Dann sterbet ihr wohl sehr leicht?« fragte der Jüngling. »Bei uns in meiner Heimat ist zwar der Tod nicht eben sehr gefürchtet, und die meisten gehen willig und viele gehen freudig zur Verwandlung ein: doch würde niemals ein Mensch es wagen, einen andern zu töten. Auf eurem Stern muß das anders sein.«

Der König schüttelte den Kopf. »Bei uns wird zwar nicht selten getötet«, sagte er, »doch sehen wir das als das schwerste Verbrechen an. Einzig im Kriege ist es erlaubt, weil im Kriege keiner aus Haß oder Neid zum eignen Vorteil tötet, sondern alle nur das tun, was die Gemeinschaft von ihnen verlangt. Aber es ist ein Irrtum, wenn du glaubst, sie stürben leicht. Wenn du in die Gesichter unsrer Toten schaust, kannst du es sehen. Sie sterben schwer, sie sterben schwer und widerwillig.«

Der Jüngling hörte dies alles an und erstaunte über die Traurigkeit und Schwere des Lebens, das auf diesem Stern die Menschen zu führen schienen. Viele Fragen hätte er noch stellen mögen, aber er fühlte deutlich voraus, daß er den ganzen Zusammenhang dieser dunklen und schrecklichen Dinge nie begreifen würde, ja er fühlte in sich auch nicht den vollen Willen, sie zu verstehen. Entweder waren diese Beklagenswerten Wesen einer niedern Ordnung, waren noch ohne die lichten Götter und wurden von Dämonen regiert, oder aber, es war auf diesem Sterne ein eignes Mißgeschick, ein Fehler und Irrtum waltend. Und es schien ihm allzu peinlich und grausam, diesen König weiter auszufragen und ihn zu Antworten und Bekenntnissen zu nötigen, deren jedes nur bitter und demütigend sein konnte. Diese Menschen, welche in dunkler Bangigkeit vor dem Tode lebten und dennoch einander in Menge erschlugen, diese Menschen, deren Gesichter einer so würdelosen Roheit fähig waren wie das des Bauern, und einer so tiefen und furchtbaren Trauer wie das des Königs, sie taten ihm leid und schienen ihm doch sonderbar und beinahe lächerlich, auf eine betrübende und beschämende Art lächerlich und töricht.

Aber eine Frage konnte er dennoch nicht unterdrücken. Wenn diese armen Wesen hier Zurückgebliebene waren, verspätete Kinder, Söhne eines späten friedlosen Sternes, wenn das Leben dieser Menschen, so als ein zuckender Krampf verlief und in verzweifelten Totschlägen endete, wenn sie ihre Toten auf den Feldern liegen ließen, ja sie vielleicht auffraßen – denn auch davon war in einigen jener Schreckensmärchen aus der Vorzeit die Rede –, so mußte doch immerhin eine Ahnung der Zukunft, ein Traum von den Göttern, etwas wie ein Keim von Seele in ihnen vorhanden sein. Sonst wäre diese ganze unschöne Welt ja nur ein Irrtum und ohne Sinn gewesen.

»Verzeihe, König«, sagte der Jüngling mit schmeichelnder Stimme, »verzeihe, wenn ich noch eine Frage an dich richte, ehe ich dein merkwürdiges Land wieder verlasse.«

»Frage nur!« lud der König ein, dem es mit diesem Fremden sonderbar erging; denn er erschien ihm in vielen Dingen wie ein feiner, reifer und unübersehbar geweiteter Geist, in andern aber wie ein kleines Kind, das man schonen muß und nicht ganz ernst nimmt.

»Du fremder König«, war nun des Boten Rede, »du hast mich traurig gemacht. Sieh, ich komme aus einem andern Lande, und der große Vogel auf dem Dache des Tempels hat recht gehabt: es gibt hier bei euch unendlich viel mehr Jammer, als ich mir hätte erdenken können. Ein Traum der Angst scheint euer Leben zu sein, und ich weiß nicht, ob ihr von Göttern oder Dämonen regiert werdet. Sieh, König, bei uns ist eine Sage, und ich habe sie früher für Märchenwust und leeren Rauch gehalten, es ist eine Sage, daß einstmals auch bei uns solche Dinge bekannt gewesen seien wie Krieg und Mord und

Verzweiflung. Diese schaudervollen Worte, welche unsre Sprache seit langem nicht mehr kennt, lesen wir in den alten Märchenbüchern, und sie klingen uns grausig und auch ein wenig lächerlich. Heute habe ich gelernt, daß dies alles Wirklichkeit ist, und ich sehe dich und die Deinigen das tun und erleiden, was ich nur aus den schrecklichen Sagen der Vorzeit gekannt hatte. Aber nun sage mir: Habt ihr nicht in eurer Seele eine Ahnung, daß ihr nicht das Richtige tuet? Habt ihr nicht eine Sehnsucht nach hellen, heitern Göttern, nach verständigen und fröhlichen Führern und Lenkern? Träumet ihr niemals im Schlaf von einem andern und schönern Leben, wo keiner will, was nicht alle wollen, wo Vernunft und Ordnung herrscht, wo die Menschen einander nicht anders begegnen als mit Heiterkeit und Schonung? Habt ihr niemals den Gedanken gedacht, es möchte die Welt ein Ganzes sein, und es möchte beglückend und heilend sein, das Ganze ahnend zu verehren und ihm in Liebe zu dienen? Wißt ihr nichts von dem, was wir bei uns Musik nennen, und Gottesdienst, und Seligkeit?«

Der König hatte beim Anhören dieser Worte sein Haupt gesenkt. Als er es nun erhob, da war sein Gesicht verwandelt und mit einem Schimmer von Lächeln umglänzt, obwohl ihm Tränen in den Augen standen.

»Schöner Knabe«, sagte der König, »ich weiß nicht recht, ob du ein Kind oder ein Weiser oder vielleicht eine Gottheit bist. Aber ich kann dir Antwort geben, daß wir das alles kennen und in der Seele tragen, wovon du sprachest. Wir ahnen Glück, wir ahnen Freiheit, wir ahnen Götter. Wir haben eine Sage von einem Weisen der Vorzeit, er habe die Einheit der Welt als einen harmonischen Zusammenklang der Himmelsräume vernommen. Genügt dir dies? Sieh, vielleicht bist du ein Seliger aus dem Jenseits, aber du magst Gott selber sein, so ist doch in deinem Herzen kein Glück, keine Macht, kein Wille, davon nicht eine Ahnung und ein Widerschein und ferner Schatten auch in unsern Herzen lebte.«

Und plötzlich richtete er sich in die Höhe, und der Jüngling stand überrascht, denn einen Augenblick war des Königs Gesicht in ein helles, schattenloses Lächeln getaucht wie in Morgenschein.

»Geh nun«, rief er dem Boten zu, »geh und laß uns kriegen und morden! Du hast mir das Herz weich gemacht, du hast mich an meine Mutter erinnert. Genug, genug davon, du lieber hübscher Knabe. Geh nun und fliehe, ehe die neue Schlacht beginnt! Ich werde an dich denken, wenn das Blut fließt und die Städte brennen, und ich werde daran denken, daß die Welt ein Ganzes ist, davon unsre Torheit und unser Zorn und unsre Wildheit uns doch nicht abtrennen kann. Leb wohl, und grüße mir deinen Stern, und grüße mir jene Gottheit, deren Sinnbild ein Herz ist, daran der Vogel frißt! Ich kenne dies Herz und kenne den Vogel wohl. Und merke dir, mein hübscher Freund aus der Ferne: Wenn du an deinen Freund, an den armen König im Kriege denkst, so denke nicht an ihn, wie er auf dem Lager saß und in Trauer versunken war, sondern denke an ihn, wie er mit den Tränen im Auge und mit dem Blut an den Händen gelächelt hat!«

Der König hob das Zelttuch, ohne den Diener zu wecken, mit eigener Hand und ließ den Fremden hinaustreten. In neuen Gedanken schritt der Jüngling über die Ebene zurück, und sah im Abendschein am Rande des Himmels eine große Stadt in Flammen stehen, und stieg über tote Menschen und zerfallende Leichen von Pferden hinweg, bis es dunkel ward und er den Rand des Waldgebirges erreichte.

Da senkte sich auch schon der große Vogel aus den Wolken herab, er nahm ihn auf seine Flügel, und sie flogen durch die Nacht zurück, lautlos und weich wie Eulenflug.

Als der Jüngling aus einem unruhigen Schlaf erwachte, lag er in dem kleinen Tempel im Gebirge, und vor dem Tempel stand im feuchten Grase sein Pferd und wieherte dem Tage entgegen. Von dem großen Vogel aber und von seiner Reise nach einem fremden Stern, von dem König und von dem

Schlachtfeld wußte er nichts mehr. Es war nur ein Schatten in seiner Seele geblieben, ein kleiner verborgener Schmerz wie ein feiner Dorn, so wie hilfloses Mitleid schmerzt, und ein kleiner, unbefriedigter Wunsch, wie er in Träumen uns quälen kann, bis wir endlich dem begegnen, dem Liebe zu erzeigen, dessen Freude zu teilen, dessen Lächeln zu sehen unser heimliches Verlangen war.

Der Bote stieg zu Pferde und ritt den ganzen Tag und kam in die Hauptstadt zu seinem Könige, und es zeigte sich, daß er der rechte Bote gewesen war. Denn der König empfing ihn mit dem Gruß der Gnade, indem er seine Stirn berührte und ihm zurief: »Deine Augen haben zu meinem Herzen gesprochen, und mein Herz hat ja gesagt. Deine Bitte hat sich erfüllt, noch ehe ich sie angehört habe.«

Alsbald erhielt der Bote einen Freibrief des Königs, daß ihm alle Blumen des ganzen Landes, deren er bedürfte, zu Gebote ständen, und Begleiter und Boten und Diener zogen mit, und Pferde und Wagen schlossen sich ihnen an, und als er, das Gebirge umgehend, nach wenigen Tagen auf der ebenen Landstraße in seine Provinz und seine Gemeinde heimkehrte, da führte er Wagen und Karren und Körbe, Pferde und Maultiere mit sich, und alles war beladen mit den schönsten Blumen aus Gärten und aus Treibhäusern, deren es im Norden viele gab, und es waren ihrer genug vorhanden, sowohl um die Körper der Toten zu bekränzen und ihre Grabstätten reichlich zu schmücken, wie auch um für eines jeden Toten Andenken eine Blume, einen Strauch und einen jungen Fruchtbaum zu pflanzen, wie es die Sitte erfordert. Und der Schmerz um seinen Freund und sein Lieblingspferd wich von ihm und sank im stillen heitern Angedenken unter, nachdem er auch sie geschmückt und begraben und über ihren Stätten zwei Blumen, zwei Büsche und zwei Fruchtbäume gepflanzt hatte.

Nachdem er so seinem Herzen Genüge getan und seine Pflichten erfüllt hatte, begann die Erinnerung an die Reise in jener Nacht sich in seiner Seele zu rühren, und er bat seine Nächsten um einen Tag der Einsamkeit und saß unter dem Gedankenbaum einen Tag und eine Nacht, und breitete die Bilder dessen, was er auf dem fremden Stern gesehen, rein und faltenlos in seinem Gedächtnis aus. Darauf trat er eines Tages zum Ältesten, bat ihn um ein geheimes Gespräch und erzählte ihm alles.

Der Älteste hörte zu, blieb in Gedanken sitzen und fragte dann: »Hast du, mein Freund, nun dieses alles mit deinen Augen gesehen, oder ist es ein Traum gewesen?«

»Ich weiß es nicht«, sagte der Jüngling. »Ich glaube wohl, daß es ein Traum gewesen sein mag. Indessen, mit deiner Erlaubnis sei es gesagt, es scheint mir kaum einen Unterschied zu bedeuten, sollte die Sache nun auch meinen Sinnen in aller Wirklichkeit begegnet sein. Es ist ein Schatten von Traurigkeit in mir geblieben, und mitten in das Glück des Lebens weht mir von jenem Sterne her ein kühler Wind hinein. Darum frage ich dich, Verehrter, was ich tun soll.«

»Gehe morgen«, sprach der Älteste, »nochmals in das Gebirge und an jenen Ort hinauf, wo du den Tempel gefunden hast. Seltsam scheint mir das Sinnbild jenes Gottes, von dem ich nie gehört habe, und es mag wohl sein, daß es ein Gott von einem andern Sterne ist. Oder aber ist jener Tempel und sein Gott vielleicht so alt, daß er von unsern frühesten Vorfahren stammt und aus den fernen Zeiten, da es unter uns noch Waffen, Furcht und Todesangst gegeben haben soll. Gehe du zu jenem Tempel, Lieber, und dort bringe Blumen, Honig und Lieder dar.«

Der Jüngling dankte und gehorchte dem Rat des Ältesten. Er nahm eine Schale mit feinem Honig, wie man ihn im Frühsommer beim ersten Immenfest den Ehrengästen vorzusetzen pflegt, und nahm seine Laute mit. Im Gebirge fand er die Stelle wieder, wo er damals eine blaue Glockenblume gepflückt hatte, und fand den steilen Felsenpfad, der im Walde bergan führte und wo er kürzlich vor seinem Pferde her zu

Fuß gegangen war. Die Stelle des Tempels aber und den Tempel selbst, den schwarzen Opferstein, die hölzernen Säulen, das Dach und den großen Vogel auf dem Dache konnte er nicht wieder finden, heute nicht und nicht am nächsten Tage, und niemand wußte ihm etwas von einem solchen Tempel, wie er ihn beschrieb, zu sagen.

Da kehrte er in seine Heimat zurück, und da er am Heiligtum des liebevollen Gedenkens vorüberkam, trat er hinein, brachte den Honig dar, sang sein Lied zur Laute und empfahl der Gottheit des liebevollen Gedenkens seinen Traum, den Tempel und den Vogel, den armen Bauern und die Toten auf dem Schlachtfelde, und am meisten den König in seinem Kriegszelte. Danach ging er mit erleichtertem Herzen in seine Wohnung, hängte im Schlafzimmer das Sinnbild von der Einheit der Welten auf, ruhte in tiefem Schlafe von den Erlebnissen dieser Tage aus und begann am nächsten Morgen den Nachbarn zu helfen, welche in Gärten und Feldern unter Gesang die letzten Spuren des Erdbebens hinwegzutilgen bemüht waren. (1915)

Der Jahrmarkt

Die Straße, die nach der Stadt Faldum führte, lief weit durch das hüglige Land, bald an Wäldern hin oder an grünen, weiten Weiden, bald an Kornfeldern vorbei, und je mehr sie sich der Stadt näherte, desto häufiger standen Gehöfte, Meiereien, Gärten und Landhäuser am Wege. Das Meer lag weit entfernt, man sah es nicht, und die Welt schien aus nichts anderem zu bestehen als aus kleinen Hügeln, kleinen hübschen Tälern, aus Weiden, Wald, Ackerland und Obstwiesen. Es war ein Land, das an Frucht und Holz, an Milch und Fleisch, an Äpfeln und Nüssen keinen Mangel litt. Die Dörfer waren recht hübsch und sauber, und die Leute waren im ganzen brav und fleißig und keine Freunde von gefährlichen oder aufregenden Unternehmungen, und ein jeder war zufrieden, wenn es seinem Nachbar nicht besser ging als ihm selber. So war das Land Faldum beschaffen, und ähnlich sind die meisten Länder in der Welt, solange nicht besondere Dinge sich ereignen.

Die hübsche Straße nach der Stadt Faldum (sie hieß wie das Land) war an diesem Morgen seit dem ersten Hahnenschrei so lebhaft begangen und befahren, wie es nur einmal im Jahre zu sehen war, denn in der Stadt sollte heute der große Markt abgehalten werden, und auf zwanzig Meilen rundum war kein Bauer und keine Bäuerin, kein Meister und kein Gesell noch Lehrbube, kein Knecht und keine Magd und kein Junge oder Mädchen, die nicht seit Wochen an den großen Markt gedacht und davon geträumt hätten, ihn zu besuchen. Alle konnten ja nun nicht gehen; es mußte auch für Vieh und kleine Kinder, für Kranke und Alte gesorgt werden, und wen das Los getroffen hatte, daß er dableiben mußte, um Haus und Hof zu hüten, dem schien fast ein Jahr seines Lebens verloren, und es tat ihm leid um die schöne Sonne, die schon seit aller Frühe warm und festlich am blauen Spätsommerhimmel stand.

Mit kleinen Körbchen am Arm kamen die Frauen und Mägde gegangen, und die Burschen mit rasierten Wangen und jeder mit einer Nelke oder Aster im Knopfloch, alles im Sonntagsputz, und die Schulmädchen mit sorgfältig gezöpften Haaren, die noch feucht und fett in der Sonne glänzten. Wer kutschierte, der trug eine Blume oder ein rotes Bändchen an den Peitschenstiel gebunden, und wer es vermochte, dessen Rosse hatten bis zu den Knien am breiten Schmuckleder die blankgeputzten Messingscheiben hängen. Es kamen Leiterwagen gefahren, über denen aus rundgebogenen Buchenästen ein grünes Dach gebaut war, und darunter saßen dichtgedrängt die Leute, mit Körben oder Kindern auf dem Schoß, und die meisten sangen laut im Chor, und dazwischen kam hin und wieder, besonders geschmückt mit Fahnen und mit Papierblumen rot und blau und weiß im grünen Buchenlaub, ein Wagen, aus dem quoll eine schallende Dorfmusik hervor, und zwischen den Ästen im Halbschatten sah man die goldenen Hörner und Trompeten leise und köstlich funkeln. Kleine Kinder, die schon seit Sonnenaufgang hatten laufen müssen, fingen zu weinen an und wurden von schwitzenden Müttern getröstet, manches fand bei einem gutmütigen Fuhrmann Aufnahme. Eine alte Frau schob ein Paar Zwillinge im Kinderwagen mit, und beide schliefen, und zwischen den schlafenden Kinderköpfen lagen auf dem Kissen, nicht weniger rund und rotwangig, zwei schöngekleidete und gestrählte Puppen.

Wer da am Wege wohnte und nicht selber heute nach dem Jahrmarkt unterwegs war, der hatte einen unterhaltsamen Morgen und beständig beide Augen voll zu schauen. Es waren aber wenige. Auf einer Gartentreppe saß ein zehnjähriger Junge und weinte, weil er allein bei der Großmutter daheim bleiben sollte. Als er aber genug gesessen und geweint hatte und gerade ein paar Dorfbuben vorübertraben sah, da sprang er mit einem Satz auf die Straße und schloß sich ihnen an. Nicht weit davon wohnte ein alter Junggeselle, der nichts vom Jahrmarkt wissen wollte, weil das Geld ihn reute. Er hatte sich vorgenommen, am heutigen Tage, wo alles feierte, ganz still für sich die hohe Weißdornhecke an seinem Garten zu beschneiden, denn sie hatte es nötig, und er war auch, kaum daß der Morgentau ein wenig vergangen war, mit seiner großen Hagschere munter ans Werk gegangen. Aber schon nach einer kleinen Stunde hatte er wieder aufgehört und sich zornig ins Haus verkrochen, denn es war kein Bursch vorübergegangen oder -gefahren, der nicht dem Hekkenschneiden verwundert zugesehen und dem Manne einen Witz über seinen unzeitigen Fleiß zugeworfen hatte, und die Mädchen hatten dazu gelacht; und wenn er wütend wurde und mit seiner langen Schere drohte, dann hatte alles die Hüte geschwenkt und ihm lachend zugewinkt. Nun saß er drinnen hinter geschlossenen Läden, äugte aber neidisch durch die Spalten hinaus, und als sein Zorn mit der Zeit vergangen war und er die letzten spärlichen Marktgänger vorübereilen und -hasten sah, als ginge es um die Seligkeit, da zog er Stiefel an, tat einen Taler in den Beutel, nahm den Stock und wollte gehen. Da fiel ihm schnell ein, ein Taler sei doch viel Geld; er nahm ihn wieder heraus, tat statt seiner einen halben Taler in den ledernen Beutel und schnürte ihn zu. Dann steckte er den Beutel in die Tasche, verschloß das Haus und die Gartentür und lief so hurtig, daß er bis zur Stadt noch manchen Fußgänger und sogar zwei Wagen überholte.

Fort war er, und sein Haus und Garten standen leer, und der Staub über der Straße begann sich sacht zu legen, Pferdegetrab und Blechmusik waren verklungen und verflogen, schon kamen die Sperlinge von den Stoppelfeldern herüber, badeten sich im weißen Staub und besahen, was von dem Tumult übriggeblieben war. Die Straße lag leer und tot und heiß, ganz aus der Ferne wehte zuweilen noch schwach und verloren ein Jauchzer und ein Ton wie von Hörnermusik.

Da kam aus dem Walde hervor ein Mann gegangen, den

breiten Hutrand tief über die Augen gezogen, und wanderte ganz ohne Eile allein auf der verödeten Landstraße fort. Er war groß gewachsen und hatte den festen, ruhigen Schritt, wie ihn Wanderer haben, welche sehr viel zu Fuß gereist sind. Gekleidet war er grau und unscheinbar, und aus dem Hutschatten blickten seine Augen sorgfältig und ruhig wie die Augen eines Menschen, der weiter nichts von der Welt begehrt, aber jedes Ding mit Aufmerksamkeit betrachtet und keins übersieht. Er sah alles, er sah die unzähligen verwirrten Wagenspuren dahinlaufen, er sah die Hufspuren eines Rosses, das den linken Hinterhuf nachgeschleift hatte, er sah in der Ferne aus einem staubigen Dunst klein mit schimmernden Dächern die Stadt Faldum am Hügel ragen, er sah in einem Garten eine kleine alte Frau voll Angst und Not umherirren und hörte sie nach jemand rufen, der nicht Antwort gab. Er sah am Wegrand einen winzigen Metallglanz zucken und bückte sich und hob eine blanke runde Messingscheibe auf, die ein Pferd vom Kummet verloren hatte. Die steckte er zu sich. Und dann sah er an der Straße einen alten Hag von Weißdorn, der war ein paar Schritt weit frisch beschnitten, und zu Anfang schien die Arbeit genau und sauber und mit Lust getan, mit jedem halben Schritt aber schlechter, denn bald war ein Schnitt zu tief gegangen, bald standen vergessene Zweige borstig und stachlig heraus. Weiterhin fand der Fremde auf der Straße eine Kinderpuppe liegen, über deren Kopf ein Wagenrad gegangen sein mußte, und ein Stück Roggenbrot, das noch von der weggeschmolzenen Butter glänzte; und zuletzt fand er einen starken ledernen Beutel, in dem stak ein halber Taler. Die Puppe lehnte er am Straßenrande gegen einen Prellstein, das Stück Brot verkrümelte er und fütterte es den Sperlingen, den Beutel mit dem halben Taler steckte er in die Tasche.

Es war unsäglich still auf der verlassenen Straße, der Rasenbord zu beiden Seiten lag dick verstaubt und sonnverbrannt. Nebenan in einem Gutshof liefen die Hühner herum, kein Mensch weit und breit, und gackelten und stotterten träumerisch in der Sonnenwärme. In einem bläulichen Kohlgarten stand gebückt ein altes Weib und raufte Unkraut aus dem trockenen Boden. Der Wanderer rief sie an, wie weit es noch bis zur Stadt sei. Sie war aber taub, und als er lauter rief, blickte sie nur hilflos herüber und schüttelte den grauen Kopf.

Im Weitergehen hörte er hin und wieder Musik von der Stadt herüber aufrauschen und verstummen, und immer öfter und länger, und zuletzt klang es ununterbrochen wie ein entfernter Wasserfall, Musik und Stimmengewirr, als wäre da drüben das sämtliche Menschenvolk vergnügt beieinander. Ein Bach lief jetzt neben der Straße hin, breit und still, mit Enten darauf und grünbraunem Seegras unterm blauen Spiegel. Da begann die Straße zu steigen, der Bach bog sich zur Seite, und eine steinerne Brücke führte hinüber. Auf der niederen Brückenmauer saß ein Mann, eine dünne Schneiderfigur, und schlief mit hängendem Kopf; sein Hut war ihm in den Staub gefallen, und neben ihm saß ein kleiner drolliger Hund, der ihn bewachte. Der Fremde wollte den Schläfer wecken, er konnte sonst im Schlaf über den Brückenrand fallen. Doch blickte er erst hinunter und sah, daß die Höhe gering und das Wasser seicht sei; da ließ er den Schneider sitzen und weiterschlafen.

Jetzt kam nach einer kleinen steilen Steige das Tor der Stadt Faldum, das stand weit offen, und kein Mensch war dort zu sehen. Der Mann schritt hindurch, und seine Tritte hallten plötzlich laut in einer gepflasterten Gasse wider, wo allen Häusern entlang zu beiden Seiten eine Reihe von leeren, abgespannten Wagen und Kaleschen stand. Aus andern Gassen her schallte Lärm und dumpfes Getriebe, hier aber war kein Mensch zu sehen, das Gäßlein lag voll Schatten, und nur die oberen Fenster spiegelten den goldenen Tag. Hier hielt der Wanderer eine kurze Rast, auf der Deichsel eines Leiterwagens sitzend. Als er weiterging, legte er auf die Fuhrmannsbank die messingene Roßscheibe, die er draußen gefunden hatte.

Kaum war er noch eine Gasse weit gegangen, da hallte rings um ihn Lärm und Jahrmarktgetöse; in hundert Buden hielten schreiende Händler ihre Waren feil, Kinder bliesen in versilberte Trompeten, Metzger fischten ganze Ketten von frischen, nassen Würsten aus großen kochenden Kesseln, ein Quacksalber stand hoch auf einer Tribüne, blickte eifrig aus einer dicken Hornbrille und hatte eine Tafel aller menschlichen Krankheiten und Gebrechen aufgehängt. An ihm vorüber zog ein Mensch mit schwarzen langen Haaren, dieser führte am Strick ein Kamel hinter sich. Das Tier blickte von seinem langen Halse hochmütig auf die Volksmenge herunter und schob die gespaltenen Lippen kauend hin und her.

Der Mann aus dem Walde schaute mit Aufmerksamkeit dem allen zu, er ließ sich vom Gedränge stoßen und schieben, blickte hier in den Stand eines Bilderbogenmannes und las dort die Sprüche und Devisen auf den bezuckerten Lebkuchen, doch blieb er nirgend verweilen und schien das, was er etwa suchte, noch nicht gefunden zu haben. So kam er langsam vorwärts und auf den großen Hauptplatz, wo an der Ecke ein Vogelhändler horstete. Da lauschte er eine Weile den Stimmen, die aus den vielen kleinen Käfigen kamen, und gab ihnen Antwort und pfiff ihnen leise zu, dem Hänfling, der Wachtel, dem Kanarienvogel, der Grasmücke.

Plötzlich sah er es in seiner Nähe so hell und blendend aufblinken, als wäre aller Sonnenschein auf diesen einzigen Fleck zusammengezogen, und als er näher ging, war es ein großer Spiegel, der in einer Meßbude hing, und neben dem Spiegel hingen andre Spiegel, zehn und hundert und noch mehr, große und kleine, viereckige, runde und ovale, Spiegel zum Aufhängen und zum Aufstellen, auch Handspiegel und kleine, dünne Taschenspiegel, die man bei sich tragen konnte, damit man sein eigenes Gesicht nicht vergesse. Der Händler stand und fing in einem blitzenden Handspiegel die Sonne auf und ließ den funkelnden Widerschein über seine Bude tanzen; dazu rief er unermüdlich: »Spiegel, meine Herrschaften, hier kauft man Spiegel! Die besten Spiegel, die billigsten Spiegel von Faldum! Spiegel, meine Damen, herrliche Spiegel! Blicken Sie nur hinein, alles echt, alles bester Kristall!«

Bei der Spiegelbude blieb der Fremde stehen, wie einer, der gefunden hat, was er suchte. Unter den Leuten, die sich die Spiegel besahen, waren drei junge Mädchen vom Lande; neben diese stellte er sich und schaute ihnen zu. Es waren frische, gesunde Bauernmädchen, nicht schön und nicht häßlich, in starkgesohlten Schuhen und weißen Strümpfen, mit blonden, etwas sonnengebleichten Zöpfen und eifrigen jungen Augen. Jede von den dreien hatte einen Spiegel zur Hand genommen, doch keine von den großen und teuren, und indem sie den Kauf noch zögernd überlegten und die holde Qual des Wählens kosteten, blickte jede zwischenein verloren und träumerisch in die blanke Spiegeltiefe und betrachtete ihr Bild, den Mund und die Augen, den kleinen Schmuck am Halse, die paar Sommersprossen über der Nase, den glatten Scheitel, das rosige Ohr. Darüber wurden sie still und ernsthaft; der Fremde, welcher hinter den Mädchen stand, sah ihre Bilder großäugig und beinah feierlich aus den drei Gläsern blicken.

»Ach«, hörte er die erste sagen, »ich wollte, ich hätte ganz goldrotes Haar und so lang, daß es mir bis an die Knie reichte!«

Das zweite Mädchen, als es den Wunsch der Freundin hörte, seufzte leise auf und blickte inniger in ihren Spiegel. Dann gestand auch sie mit Erröten, wovon ihr Herz träumte, und sagte schüchtern: »Ich, wenn ich wünschen dürfte, ich möchte die allerschönsten Hände haben, ganz weiß und zart, mit langen, schmalen Fingern und rosigen Fingernägeln.« Sie blickte dabei auf ihre Hand, die den ovalen Spiegel hielt. Die Hand war nicht häßlich, aber sie war ein wenig kurz und breit und von der Arbeit grob und hart geworden.

Die dritte, die kleinste und vergnügteste von allen dreien, lachte dazu und rief lustig: »Das ist kein übler Wunsch. Aber weißt du, auf die Hände kommt es nicht so sehr an. Mir wäre es am liebsten, wenn ich von heut an die beste und flinkste Tänzerin vom ganzen Land Faldum wäre.«

Da erschrak das Mädchen plötzlich und drehte sich um, denn aus dem Spiegel blickte hinter ihrem eignen Gesicht hervor ein fremdes mit schwarzen, glänzenden Augen. Es war das Gesicht des fremden Mannes, der hinter sie getreten war, und den sie alle drei bisher gar nicht beachtet hatten. Jetzt sahen sie ihm verzaubert ins Gesicht, als er ihnen zunickte und sagte: »Da habt ihr ja drei schöne Wünsche getan, ihr Jungfern. Ist's euch auch richtig ernst damit?«

Die kleine hatte den Spiegel weggelegt und die Hände hinterm Rücken verborgen. Sie hatte Lust, den Mann ihren kleinen Schrecken entgelten zu lassen, und besann sich schon auf ein scharfes Wort; aber wie sie ihm ins Gesicht sah, hatte er so viel Macht in den Augen, daß sie verlegen wurde. »Geht's Euch was an, was ich mir wünsche?« sagte sie bloß und wurde rot.

Aber die andre, die sich die feinen Hände gewünscht hatte, faßte Vertrauen zu dem großen Manne, der etwas Väterliches und Würdiges in seinem Wesen hatte. Sie sagte: »Jawohl, es ist uns ernst damit. Kann man sich denn etwas Schöneres wünschen?«

Der Spiegelhändler war herzugetreten, auch andre Leute hörten zu. Der Fremde hatte den Hutrand emporgeschlagen, daß man eine helle, hohe Stirn und gebieterische Augen sah. Jetzt nickte er den drei Mädchen freundlich zu und rief lächelnd: »Seht, ihr habt ja schon alles, was ihr euch gewünscht habt!«

Die Mädchen blickten einander an, und dann jede schnell in einen Spiegel, und alle drei erbleichten vor Erstaunen und Freude. Die eine hatte dichte goldene Locken bekommen, die ihr bis zu den Knien reichten. Die zweite hielt ihren Spiegel in den weißesten, schlanksten Prinzessinnenhänden, und die dritte stand plötzlich in rotledernen Tanzschuhen und auf so schlanken Knöcheln wie ein Reh. Sie konnten noch gar nicht fassen, was geschehen war; aber die mit den vornehmen Händen brach in selige Tränen aus, sie lehnte sich auf die Schulter ihrer Freundin und weinte glückselig in ihr langes, goldenes Haar hinein.

Jetzt sprach und schrie sich die Geschichte von dem Wunder in dem Umkreis der Bude herum. Ein junger Handwerksgeselle, welcher alles mit angesehen, stand mit aufgerissenen Augen da und starrte den Fremden wie versteinert an.

»Willst du dir nicht auch etwas wünschen?« fragte ihn da plötzlich der Fremde.

Der Geselle schrak zusammen, er war ganz verwirrt und ließ die Blicke hilflos ringsum laufen, um etwas zu erspähen, was er etwa wünschen könnte. Da sah er vor der Bude eines Schweinemetzgers einen gewaltigen Kranz von dicken, roten Knackwürsten ausgehängt, und er stammelte, indem er hinüberdeutete: »So einen Kranz Knackwürste möcht ich gern haben.« Siehe, da hing der Kranz ihm um den Hals, und alle, die es sahen, begannen zu lachen und zu schreien, und jeder suchte sich näher heranzudrücken, und jeder wollte jetzt auch einen Wunsch tun. Das durften sie auch, und der nächste, der an die Reihe kam, war schon kecker und wünschte sich ein neues tuchenes Sonntagsgewand von oben bis unten; und kaum gesagt, steckte er in einer feinen, nagelneuen Kleidung, wie sie der Bürgermeister nicht besser hatte. Dann kam eine Frau vom Lande, die faßte sich ein Herz und verlangte geradehin zehn Taler, und die Taler klirrten ihr alsbald in der Tasche.

Nun sahen die Leute, daß da in allem Ernst Wunder geschähen, und sofort wälzte sich die Kunde davon weiter über den Marktplatz und durch die Stadt, und die Menschen bildeten schnell einen riesigen Klumpen rings um die Bude des Spiegelhändlers. Viele lachten noch und machten Witze, andre glaubten nichts und redeten mißtrauisch. Viele aber waren schon vom Wunschfieber befallen und kamen mit glühenden Augen und mit heißen Gesichtern gelaufen, die von Begierde und Sorge verzerrt waren, denn jeder fürchtete, der Quell möchte versiegen, noch ehe er selber zum Schöpfen käme. Knaben wünschten sich Kuchen, Armbrüste, Hunde, Säcke voll Nüsse, Bücher und Kegelspiele; Mädchen gingen beglückt mit neuen Kleidern, Bändern, Handschuhen und Sonnenschirmen davon. Ein zehnjähriger kleiner Junge aber, der seiner Großmutter davongelaufen und vor lauter Herrlichkeit und Jahrmarktsglanz aus Rand und Band gekommen war, der wünschte sich mit heller Stimme ein lebendiges Pferdchen, es müsse aber ein schwarzes sein; und alsbald wieherte hinter ihm ein schwarzes Füllen und rieb den Kopf vertraulich an seiner Schulter.

Durch die vom Zauber ganz berauschte Menge zwängte sich darauf ein ältlicher Junggeselle mit einem Spazierstock in der Hand, der trat zitternd vor und konnte vor Aufregung kaum ein Wort über die Lippen bringen.

»Ich wünsche«, sagte er stammelnd, »ich wü-ünsche mir zweimalhundert – –«

Da sah ihn der Fremde prüfend an, zog einen ledernen Beutel aus seiner Tasche und hielt ihn dem erregten Männlein vor die Augen. »Wartet noch!« sagte er. »Habt Ihr nicht etwa diesen Geldbeutel verloren? Es ist ein halber Taler drin.«

»Ja, das hab ich«, rief der Junggeselle. »Der ist mein.«

»Wollt Ihr ihn wiederhaben?«

»Ja, ja, gebt her!«

Da bekam er seinen Beutel, und damit hatte er seinen Wunsch vertan, und als er das begriff, hieb er voll Wut mit seinem Stock nach dem Fremden, traf ihn aber nicht und schlug bloß einen Spiegel herunter; und das Scherbenklingen war noch nicht verrasselt, da stand schon der Händler und verlangte Geld, und der Junggeselle mußte bezahlen.

Jetzt aber trat ein feister Hausbesitzer vor und tat einen

Kapitalwunsch, nämlich um ein neues Dach auf sein Haus. Da glänzte es ihm schon mit nagelneuen Ziegeln und weißgekalkten Schornsteinen aus seiner Gasse entgegen. Da wurden alle aufs neue unruhig, und ihre Wünsche stiegen höher, und bald sah man einen, der schämte sich nicht und wünschte in aller Bescheidenheit ein neues vierstöckiges Haus am Marktplatz, und eine Viertelstunde später lag er schon überm Sims zum eignen Fenster heraus und sah sich von dort den Jahrmarkt an.

Es war nun eigentlich kein Jahrmarkt mehr, sondern alles Leben in der Stadt ging wie der Fluß von der Quelle nur noch von jenem Orte bei der Spiegelbude aus, wo der Fremde stand und wo man seine Wünsche tun durfte. Bewunderungsgeschrei, Neid oder Gelächter folgte auf jeden Wunsch, und als ein kleiner hungriger Bub sich nichts als einen Hut voll Pflaumen gewünscht hatte, da wurde ihm der Hut von einem, der weniger bescheiden gewesen, mit Talerstücken nachgefüllt. Großen Jubel und Beifall fand sodann eine fette Krämerfrau, die sich von einem schweren Kropf freiwünschte. Hier zeigte sich aber, was Zorn und Mißgunst vermag. Denn der eigne Mann dieser Krämerin, der mit ihr in Unfrieden lebte und sich eben noch mit ihr gezankt hatte, verwandte seinen Wunsch, der ihn hätte reich machen können, darauf, daß der verschwundene Kropf wieder an seine alte Stelle kam. Aber das Beispiel war einmal gegeben, man brachte eine Menge von Gebrechlichen und Kranken herbei, und die Menge geriet in einen neuen Taumel, als die Lahmen zu tanzen begannen und die Blinden mit beseligten Augen das Licht begrüßten.

Die Jugend war unterdessen längst überall herumgelaufen und hatte das herrliche Wunder verkündigt. Man erzählte da von einer treuen alten Köchin, daß sie am Herde stand und für ihre Herrschaft eben eine Gans briet, als durchs Fenster auch sie der Ruf erreichte. Da konnte sie nicht widerstehen und lief davon und auf den Marktplatz, um sich schnell fürs Leben reich und glücklich zu wünschen. Je weiter sie aber durch die Menge vordrang, desto vernehmlicher schlug ihr das Gewissen, und als sie an die Reihe kam und wünschen durfte, da gab sie alles preis und begehrte nur, die Gans möge nicht anbrennen, bis sie wieder bei ihr sei.

Der Tumult nahm kein Ende. Kindermädchen kamen aus den Häusern gestürzt und schleppten ihre Kleinen auf den Armen mit, Bettlägerige rannten vor Eifer im Hemd auf die Gassen. Es kam auch ganz verwirrt und verzweifelt vom Lande herein eine kleine alte Frau gepilgert, und als sie von dem Wünschen hörte, da bat sie schluchzend, daß sie ihren verlorengegangenen Enkel heil wiederfinden möchte. Schau, da kam unverweilt der Knabe auf einem kleinen schwarzen Roß geritten und fiel ihr lachend in die Arme.

Am Ende war die ganze Stadt verwandelt und von einem Rausch ergriffen. Arm in Arm wandelten Liebespaare, deren Wünsche in Erfüllung gegangen waren, arme Familien fuhren in Kaleschen einher und hatten noch die geflickten alten Kleider von heute morgen an. Alle die vielen, die schon jetzt einen unklugen Wunsch bereuten, waren entweder traurig fortgegangen oder tranken sich Vergessen am alten Marktbrunnen, den ein Spaßvogel durch seinen Wunsch mit dem besten Wein gefüllt hatte.

Und schließlich gab es in der Stadt Faldum nur noch zwei einzige Menschen, die nichts von dem Wunder wußten und sich nichts gewünscht hatten. Es waren zwei Jünglinge, und sie staken hoch in der Dachkammer eines alten Hauses in der Vorstadt bei verschlossenen Fenstern. Der eine stand mitten in der Kammer, hielt die Geige unterm Kinn und spielte mit hingegebener Seele; der andre saß in der Ecke, hielt den Kopf zwischen den Händen und war ganz und gar im Zuhören versunken. Durch die kleinen Fensterscheiben strahlte die Sonne schon schräg und abendlich und glühte tief in einem Blumenstrauß, der auf dem Tische stand, und spielte an der Wand auf den zerrissenen Tapeten. Die Kammer war ganz vom warmen Licht und von den glühenden Tönen der Geige erfüllt, wie eine kleine geheime Schatzkammer vom Glanz der Edelsteine. Der Geiger wiegte sich im Spielen hin und her und hatte die Augen geschlossen. Der Zuhörer sah still zu Boden und saß so starrend und verloren, als wäre kein Leben in ihm.

Da tappten laute Schritte auf der Gasse, und das Haustor ward aufgestoßen, und die Schritte kamen schwer und polternd über alle Treppen herauf bis vor die Dachkammer. Das war der Hausherr, und er riß die Tür auf und schrie lachend in die Kammer hinein, daß das Geigenlied plötzlich abriß und der stumme Zuhörer wild und gepeinigt in die Höhe sprang. Auch der Geigenspieler war betrübt und zornig darüber, daß er gestört worden war, und blickte dem Manne vorwurfsvoll in das lachende Gesicht. Aber der achtete nicht darauf, er schwenkte die Arme wie ein Trunkener und schrie: »Ihr Narren, da sitzet ihr und geigt, und draußen hat sich die ganze Welt verwandelt. Wachet auf und laufet, daß ihr nicht zu spät kommt; am Marktplatz steht ein Mann, der macht, daß jedermann einen Wunsch erfüllt bekommt. Da braucht ihr nicht länger unterm Dach zu wohnen und das bißchen Miete schuldig zu bleiben. Auf und vorwärs, eh's zu spät ist! Auch ich bin heut ein reicher Mann geworden.«

Verwundert hörte das der Geiger, und da der Mensch ihm keine Ruhe ließ, legte er die Geige weg und drückte sich den Hut auf den Kopf; sein Freund kam schweigend hinterher. Kaum waren sie aus dem Hause, da sahen sie schon die halbe Stadt aufs merkwürdigste verwandelt und gingen beklommen wie im Traum an Häusern vorüber, die noch gestern grau und schief und niedrig gewesen waren, jetzt aber standen sie hoch und schmuck wie Paläste. Leute, die sie als Bettler kannten, fuhren vierspännig in Kutschen einher oder schauten breit und stolz aus den Fenstern schöner Häuser. Ein hagerer Mensch, der wie ein Schneider aussah und dem ein winziges Hündlein nachlief, schleppte sich ermüdet und schwitzend mit einem großen, schweren Sack, und aus dem Sacke tropften durch ein kleines Loch einzelne Goldstücke auf das Pflaster.

Wie von selber kamen die beiden Jünglinge auf den Marktplatz und vor die Bude mit den Spiegeln. Da stand der unbekannte Mann und sagte zu ihnen: Ihr habt es nicht eilig mit dem Wünschen. Gerade wollte ich fortgehen. Also sagt, was ihr haben wollt, und tut euch keinen Zwang an.«

Der Geiger schüttelte den Kopf und sagte: »Ach, hättet Ihr mich in Ruhe gelassen! Ich brauche nichts.«

»Nein? Besinne dich!« rief der Fremde. »Du darfst dir wünschen, was du dir nur ausdenken kannst.«

Da schloß der Geiger eine Weile die Augen und dachte nach. Und sagte dann leise: »Ich wünsche mir eine Geige, auf der ich so wunderbar spielen kann, daß die ganze Welt mit ihrem Lärm nicht mehr an mich kommt.«

Und sieh, er hielt eine schöne Geige in Händen und einen Geigenbogen, und er drückte die Geige an sich und begann zu spielen: das klang süß und mächtig wie das Lied vom Paradiese. Wer es hörte, der blieb stehen und lauschte und bekam ernste Augen. Der Geiger aber, wie er immer inniger und herrlicher spielte, ward von den Unsichtbaren emporgenommen und verschwand in den Lüften, und noch von weiter Ferne klang seine Musik mit leisem Glanz wie Abendrot herüber.

»Und du? Was willst du dir wünschen?« fragte der Mann den andern Jüngling.

»Jetzt habt Ihr mir den Geiger auch noch genommen!« sagte der Jüngling. »Ich mag vom Leben nichts haben als Zuhören und Zuschauen und mag nur an das denken, was unvergänglich ist. Darum wünsche ich, ich möchte ein Berg sein, so groß wie das Land Faldum und so hoch, daß mein Gipfel über die Wolken ragt.«

Da begann es unter der Erde zu donnern, und alles fing an

zu schwanken; ein gläsernes Klirren ertönte, die Spiegel fielen einer um den andern auf dem Pflaster in Scherben, der Marktplatz hob sich schwankend, wie ein Tuch sich hebt, unter dem eine eingeschlafene Katze erwacht und den Rükken in die Höhe bäumt. Ein ungeheurer Schrecken kam über das Volk, Tausende flohen schreiend aus der Stadt in die Felder. Die aber, die auf dem Marktplatz geblieben waren, sahen hinter der Stadt einen gewaltigen Berg emporsteigen bis in die Abendwolken, und unterhalb sahen sie den stillen Bach in ein weißes, wildes Gebirgswasser verwandelt, das hoch vom Berge schäumend in vielen Fällen und Sprüngen zu Tale kam.

Ein Augenblick war vergangen, da war das ganze Land Faldum ein riesiger Berg geworden, an dessen Fuße die Stadt lag, und fern in der Tiefe sah man das Meer. Es war aber niemand beschädigt worden.

Ein alter Mann, der bei der Spiegelbude gestanden und alles mit angesehen hatte, sagte zu seinem Nachbar: »Die Welt ist närrisch geworden; ich bin froh, daß ich nimmer lang zu leben habe. Nur um den Geiger tut mir's leid, den möchte ich noch einmal hören.«

»Jawohl«, sagte der andere. »Aber sagt, wo ist denn der Fremde hingekommen?«

Sie blickten sich um, er war verschwunden. Und als sie an dem neuen Berge emporschauten, sahen sie den Fremden hoch oben hinweggehen, in einem wehenden Mantel, und sahen ihn einen Augenblick riesengroß gegen den Abendhimmel stehen und um eine Felsenecke verschwinden.

Der Berg

Alles vergeht, und alles Neue wird alt. Lange war der Jahrmarkt vergangen, und mancher war längst schon wieder arm, der sich damals zum reichen Manne gewünscht hatte. Das Mädchen mit den langen goldroten Haaren hatte schon lange einen Mann und hatte Kinder, welche selber schon die Jahrmärkte in der Stadt in jedem Spätsommer besuchten. Das Mädchen mit den flinken Tanzfüßen war eine Meistersfrau in der Stadt geworden, die noch immer prachtvoll tanzen konnte und besser als manche junge, und so viel Geld sich auch ihr Mann damals gewünscht hatte, es hatte doch den Anschein, als würden die beiden lustigen Leute noch bei ihren Lebzeiten damit fertig werden. Das dritte Mädchen aber, die mit den schönen Händen, die war es, die von allen noch am meisten an den fremden Mann bei der Spiegelbude dachte. Dieses Mädchen hatte nämlich nicht geheiratet und war nicht reich geworden, aber die feinen Hände hatte sie immer noch und tat der Hände wegen keine Bauernarbeit mehr, sondern sie hütete die Kinder in ihrem Dorf herum, wo es eben not tat, und erzählte ihnen Märchen und Geschichten, und sie war es, von der alle Kinder die Geschichte von dem wunderbaren Jahrmarkt erfahren hatten, und wie die Armen reich geworden waren und das Land Faldum ein Gebirge. Wenn sie diese Geschichte erzählte, dann blickte sie lächelnd vor sich bin und auf ihre schlanken Prinzessinnenhände und war so bewegt und liebevoll, daß man glauben konnte, niemand habe damals bei den Spiegeln ein strahlenderes Glückslos gezogen als sie, die doch arm und ohne Mann geblieben war und ihre schönen Geschichten fremden Kindern erzählen mußte.

Wer damals jung gewesen war, der war jetzt alt, und wer damals alt gewesen, war jetzt gestorben. Unverändert und ohne Alter stand nur der Berg, und wenn der Schnee auf seinem Gipfel durch die Wolken blendete, schien er zu lächeln und froh zu sein, daß er kein Mensch mehr war und nicht mehr nach menschlichen Zeiten zu rechnen brauchte. Hoch über Stadt und Land leuchteten die Felsen des Berges, sein gewaltiger Schatten wanderte mit jedem Tage über das Land, seine Bäche und Ströme verkündigten unten das Kommen und Schwinden der Jahreszeiten, der Berg war der Hort und Vater aller geworden. Wald wuchs auf ihm und Wiesen mit wehendem Gras und mit Blumen; Quellen kamen aus ihm und Schnee und Eis und Steine, und auf den Steinen wuchs farbiges Moos, und an den Bächen Vergißmeinnicht. In seinem Innern ware Höhlen, da tropfte Wasser wie Silberfäden Jahr um Jahr in wechselloser Musik vom Gestein aufs Gestein, und in seinen Klüften gab es heimliche Kammern, wo mit tausendjähriger Geduld die Kristalle wuchsen. Auf dem Gipfel des Berges war nie ein Mensch gewesen. Aber manche wollten wissen, es sei dort ganz oben ein kleiner runder See, darin habe sich niemals etwas anderes gespiegelt als die Sonne, der Mond, die Wolken und die Sterne. Nicht Mensch noch Tier habe je in diese Schale geblickt, die der Berg dem Himmel entgegenhalte, denn auch die Adler flögen nicht so hoch.

Die Leute von Faldum lebten fröhlich in der Stadt und in den vielen Tälern; sie tauften ihre Kinder, sie trieben Markt und Gewerbe, sie trugen einander zu Grabe. Und alles, was von den Vätern zu den Enkeln kam und weiterlebte, das war ihr Wissen und Träumen vom Berge. Hirten und Gemsjäger, Wildheuer und Blumensucher, Sennen und Reisende mehrten den Schatz, und Liederdichter und Erzähler gaben ihn weiter; sie wußten von unendlichen finsteren Höhlen, von sonnenlosen Wasserfällen in verborgenen Klüften, von tiefgespaltenen Gletschern, sie lernten die Lawinenbahnen und die Wetterluken kennen, und was dem Lande zukam an Wärme und Frost, an Wasser und Wuchs, an Wetter und Winden, das kam alles vom Berge.

Von den früheren Zeiten wußte niemand mehr. Da gab es wohl die schöne Sage von dem wundersamen Jahrmarkt, an welchem jede Seele in Faldum sich wünschen durfte, was sie mochte. Aber daran, daß an jenem Tage auch der Berg entstanden sei, wollte kein Mensch mehr glauben. Der Berg, das war gewiß, stand von Anbeginn der Dinge an seinem Ort und würde in Ewigkeit dastehen. Der Berg war die Heimat, der Berg war Faldum. Aber die Geschichte von den drei

Mädchen und von dem Geiger, die hörte man gern, und zu allen Zeiten gab es hier oder dort einen Jüngling, der bei verschlossener Tür sich tief ins Geigenspiel verlor und davon träumte, einmal in seinem schönsten Liede so zu vergehen und dahinzuwehen wie der zum Himmel gefahrene Geiger.

Der Berg lebte still in seiner Größe dahin. Jeden Tag sah er fern und rot die Sonne aus dem Weltmeer steigen und ihren runden Gang um seinen Gipfel tun, von Osten nach Westen, und jede Nacht denselben stillen Weg die Sterne. Jedes Jahr umhüllte ihn der Winter tief mit Schnee und Eis, und jedes Jahr zu ihrer Zeit suchten die Lawinen ihren Weg und lachten am Rand ihrer Schneereste die helläugigen Sommerblumen blau und gelb, und die Bäche sprangen voller, und die Seen blauten warm im Licht. In unsichtbaren Klüften donnerten dumpf die verlorenen Wasser, und der kleine runde See zu oberst auf dem Gipfel lag schwer mit Eis bedeckt und wartete das ganze Jahr, um in der kurzen Zeit der Sommerhöhe sein lichtes Auge aufzutun und wenig Tage lang die Sonne und wenig Nächte lang die Sterne zu spiegeln. In dunklen Höhlen standen die Wasser, und läutete das Gestein im ewigen Tropfenfall, und in geheimen Schlünden wuchsen die tausendjährigen Kristalle treulich ihrer Vollkommenheit entgegen.

Am Fuße des Berges und wenig höher als die Stadt lag ein Tal, da floß ein breiter Bach mit klarem Spiegel zwischen Erlen und Weiden hin. Dorthin gingen die jungen Menschen, die sich liebhatten, und lernten vom Berg und von den Bäumen die Wunder der Jahreszeiten. In einem andern Tale hielten die Männer ihre Übungen mit Pferden und Waffen, und auf einer steilen, hohen Felsenkuppe brannte in der Sommersonnwendnacht jedes Jahres ein gewaltiges Feuer.

Die Zeiten rannen dahin, und der Berg beschützte Liebestal und Waffenplatz, er bot den Sennen Raum und den Holzfällern, den Jägern und den Flößern; er gab Steine zum Bauen und Eisen zum Schmelzen. Gleichmütig sah er zu und ließ gewähren, wie das erste Sommerfeuer auf der Kuppe loderte, und sah es hundertmal und wieder manche hundert Male wiederkehren. Er sah die Stadt da unten mit kleinen stumpfen Armen um sich greifen und über die alten Mauern hinauswachsen; er sah die Jäger ihre Armbrüste vergessen und mit Feuerwaffen schießen. Die Jahrhunderte liefen ihm dahin wie Jahreszeiten, und die Jahre wie Stunden.

Ihn kümmerte es nicht, daß einmal im langen Lauf der Jahre das rote Sonnwendfeuer auf der Felsenplatte nicht mehr aufglühte und von da an vergessen blieb. Ihm schuf es keine Sorgen, als im langen Lauf der Zeiten das Tal der Waffenübungen verödete und auf der Rennbahn Wegerich und Distel heimisch wurden. Und er hinderte es nicht, als einmal im langen Lauf der Jahrhunderte ein Bergsturz seine Form veränderte und daß unter den davongerollten Felsen die halbe Stadt Faldum in Trümmern liegenblieb. Er blickte kaum hinab, und er nahm nicht wahr, daß die zertrümmerte Stadt liegenblieb und nicht wieder aufgebaut wurde.

Ihn kümmerte dies alles nicht. Aber andres begann ihn zu kümmern. Die Zeiten rannen, und siehe, der Berg war alt geworden. Wenn er die Sonne kommen und wandern und davongehen sah, so war es nicht wie einst, und wenn die Sterne sich im fahlen Gletscher spiegelten, so fühlte er sich nicht mehr ihresgleichen. Ihm war die Sonne und waren die Sterne jetzt nimmer sonderlich wichtig. Wichtig war ihm jetzt, was an ihm selber und in seinem Innern vorging. Denn er fühlte, wie tief unter seinen Felsen und Höhen eine fremde Hand Arbeit tat, wie hartes Urgestein mürbe ward und in schieferigen Lagen verwitterte, wie die Bäche und Wasserfälle sich tieferfraßen. Gletscher waren geschwunden und Seen gewachsen, Wald war in Steinfelder verwandelt und Wiesen in schwarzes Moor; unendlich weit hinaus in spitzen Zungen liefen die kahlen Bänder seiner Moränen und Geröllrinnen in das Land, und das Land dort unten war seltsam anders geworden, seltsam steinig, seltsam verbrannt und still. Der Berg zog sich mehr und mehr in sich selber zurück. Er fühlte wohl, nicht Sonne und Gestirne waren seinesgleichen. Seinesgleichen war Wind und Schnee, Wasser und Eis. Seinesgleichen war, was ewig scheint und was doch langsam schwindet, was langsam vergeht.

Inniger leitete er seine Bäche zu Tal, sorglicher rollte er seine Lawinen hinab, zärtlicher bot er seine Blumenwiesen der Sonne hin. Und es geschah, daß er sich in seinem hohen Alter auch der Menschen wieder erinnerte. Nicht daß er die Menschen für seinesgleichen geachtet hätte, aber er begann nach ihnen auszuschauen, er begann sich verlassen zu fühlen, er begann an Vergangenes zu denken. Allein die Stadt war nicht mehr da, und kein Gesang im Liebestal, und keine Hütten mehr auf den Alpen. Es waren keine Menschen mehr da. Auch sie waren vergangen. Es war still geworden, es war welk geworden, es lag ein Schatten in der Luft.

Der Berg erbebte, als er fühlte, was Vergehen sei; und als er erbebte, sank sein Gipfel zur Seite und stürzte hinab, und Felstrümmer rollten ihm nach über das Liebestal hinweg, das längst mit Steinen ausgefüllt lag, bis in das Meer hinunter.

Ja, die Zeiten waren anders geworden. Wie kam das nur, daß er sich jetzt immer der Menschen erinnern und an sie denken mußte? War das nicht einst wunderschön gewesen, wie die Sommerfeuer gebrannt hatten, und wie im Liebestal die jungen Menschen in Paaren gingen? Oh, und wie hatte ihr Gesang oft süß und warm geklungen!

Der greise Berg war ganz in Erinnerungen versunken, er fühlte kaum, wie die Jahrhunderte wegflossen, wie es da und dort in seinen Höhlen mit leisem Donner stürzte und sich schob. Wenn er der Menschen gedachte, so schmerzte ihn ein dumpfer Anklang aus vergangenen Weltaltern, eine unverstandene Bewegung und Liebe, ein dunkler, schwebender Traum, als wäre einst auch er ein Mensch oder den Menschen ähnlich gewesen, hätte gesungen und singen hören, als sei ihm der Gedanke der Vergänglichkeit schon in seinen frühesten Tagen einmal durchs Herz gegangen.

Die Zeitalter flossen weg. Herabgesunken und von rauhen Steinwüsten rings umgeben, hing der sterbende Berg seinen Träumen nach. Wie war das einst gewesen? War da nicht ein Klang, ein feiner Silberfaden, der ihn mit der vergangenen Welt verband? Mühsam wühlte er in der Nacht vermoderter Erinnerungen, tastete ruhelos zerrissenen Fäden nach, beugte sich immer wieder weit über den Abgrund des Gewesenen. – Hatte nicht auch ihm einst in der Zeitenferne eine Gemeinschaft, eine Liebe geglüht? War nicht auch er einst, der Einsame, der Große, gleich unter Gleichen gewesen? – Hatte nicht auch ihm einst, im Anfang der Dinge, eine Mutter gesungen?

Er sann und sann, und seine Augen, die blauen Seen, wurden trüb und schwer und verwandelten sich in Moor und Sumpf, und über die Grasbänder und kleinen Blumenplätze hin rieselte Steingeschiebe. Er sann, und aus undenklicher Ferne herüber hörte er es klingen, fühlte Töne schweben, ein Lied, ein Menschenlied, und er erzitterte vor schmerzlicher Lust im Wiedererkennen. Er hörte die Töne, und er sah einen Menschen, einen Jüngling, ganz in Töne gehüllt durch die Lüfte in den sonnigen Himmel schweben, und hundert vergrabene Erinnerungen waren erschüttert und begannen zu rieseln und zu rollen. Er sah ein Menschengesicht mit dunklen Augen, und die Augen fragten ihn zwingend: »Willst du nicht einen Wunsch tun?«

Und er tat einen Wunsch, einen stillen Wunsch, und indem er ihn tat, fiel jene Qual von ihm ab, daß er sich auf so ferne und verschollene Dinge besinnen mußte, und alles fiel von ihm ab, was ihm weh getan hatte. Es stürzte der Berg und das Land in sich zusammen, und wo Faldum gewesen war, da wogte weit und rauschend das unendliche Meer, und darüber gingen im Wechsel die Sonne und die Sterne hin. (1916)

Iris

Im Frühling seiner Kindheit lief Anselm durch den grünen Garten. Eine Blume unter den Blumen der Mutter hieß Schwertlilie, die war ihm besonders lieb. Er hielt seine Wange an ihre hohen hellgrünen Blätter, drückte tastend seine Finger an ihre scharfen Spitzen, roch atmend an der großen wunderbaren Blüte und sah lange hinein. Da standen lange Reihen von gelben Fingern aus dem bleichbläulichen Blumenboden empor, zwischen ihnen lief ein lichter Weg hinweg und hinabwärts in den Kelch und das ferne, blaue Geheimnis der Blüte hinein. Die liebte er sehr, und blickte lange hinein, und sah die gelben feinen Glieder bald wie einen goldenen Zaun am Königsgarten stehen, bald als doppelten Gang von schönen Traumbäumen, die kein Wind bewegt, und zwischen ihnen lief hell und von glaszarten lebendigen Adern durchzogen der geheimnisvolle Weg ins Innere. Ungeheuer dehnte die Wölbung sich auf, nach rückwärts verlor der Pfad zwischen den goldenen Bäumen sich unendlich tief in unausdenkliche Schlünde, über ihm bog sich die violette Wölbung königlich und legte zauberische dünne Schatten über das stille wartende Wunder. Anselm wußte, daß dies der Mund der Blume war, daß hinter den gelben Prachtgewächsen im blauen Schlunde ihr Herz und ihre Gedanken wohnten und daß über diesen holden, lichten, glasig geäderten Weg ihr Atem und ihre Träume aus und ein gingen.

Und neben der großen Blüte standen kleinere, die noch nicht aufgegangen waren, sie standen auf festen, saftigen Stielen in einem kleinen Kelche aus bräunlich grüner Haut, aus ihnen drang die junge Blüte still und kräftig hinan, in lichtes Grün und Lila fest gewickelt, oben aber schaute straff und zart gerollt das junge tiefe Violett mit feiner Spitze hervor. Auch schon auf diesen festgerollten, jungen Blütenblättern war Geäder und hundertfache Zeichnung zu sehen.

Am Morgen, wenn er aus dem Hause und aus dem Schlaf

und Traum und fremden Welten wiederkam, da stand unverloren und immer neu der Garten und wartete auf ihn, und wo gestern eine harte blaute Blütenspitze dicht gerollt aus grüner Schale gestarrt hatte, da hing nun dünn und blau wie Luft ein junges Blatt, wie eine Zunge und wie eine Lippe, suchte tastend seine Form und Wölbung, von der es lang geträumt, und zu unterst, wo es noch im stillen Kampf mit seiner Hülle lag, da ahnte man schon feine gelbe Gewächse, lichte geäderte Bahn und fernen, duftenden Seelenabgrund bereitet. Vielleicht am Mittag schon, vielleicht am Abend war sie offen, wölbte blaues Seidenzelt über goldnem Traumwalde, und ihre ersten Träume, Gedanken und Gesänge kamen still aus dem zauberhaften Abgrund hervorgeatmet.
Es kam ein Tag, da standen lauter blaue Glockenblumen im Gras. Es kam ein Tag, da war plötzlich ein neuer Klang und Duft im Garten, und über rötlichem durchsonntem Laub hing weich und rotgolden die erste Teerose. Es kam ein Tag, da waren keine Schwertlilien mehr da. Sie waren gegangen, kein goldbezäunter Pfad mehr führte zart in duftende Geheimnisse hinab, fremd standen starre Blätter spitz und kühl. Aber rote Beeren waren in den Büschen reif, und über den Sternblumen flogen neue, unerhörte Falter frei und spielend hin, rotbraune mit perlmutternen Rücken und schwirrende, glasflüglige Schwärmer.
Anselm sprach mit den Faltern und mit den Kieselsteinen, er hatte zum Freund den Käfer und die Eidechse, Vögel erzählten ihm Vogelgeschichten, Farnkräuter zeigten ihm heimlich unterm Dach der Riesenblätter den braunen gesammelten Samen, Glasscherben grün und kristallen fingen ihm den Sonnenstrahl und wurden Paläste, Gärten und funkelnde Schatzkammer. Waren die Lilien fort, so blühten die Kapuziner, waren die Teerosen welk, so wurden die Brombeeren braun, alles verschob sich, war immer da und immer fort, verschwand und kam zur Zeit wieder, und auch die bangen, wunderlichen Tage, wo der Wind kalt in der Tanne lärmte

und im ganzen Garten das welke Laub so fahl und erstorben klirrte, brachten noch ein Lied, ein Erlebnis, eine Geschichte mit, bis wieder alles hinsank, Schnee vor den Fenstern fiel und Palmenwälder an den Scheiben wuchsen, Engel mit silbernen Glocken durch den Abend flogen und Flur und Boden nach gedörrtem Obst dufteten. Niemals erlosch Freundschaft und Vertrauen in dieser guten Welt, und wenn einmal unversehens wieder Schneeglöckchen neben dem schwarzen Efeulaub strahlten und erste Vögel hoch durch neue blaue Höhen flogen, so war es, als sei alles immerfort dagewesen. Bis eines Tages, nie erwartet und doch immer genau wie es sein mußte und immer gleich erwünscht, wieder eine erste bläuliche Blütenspitze aus den Schwertlilienstengeln schaute.

Alles war schön, alles war Anselm willkommen, befreundet und vertraut, aber der größte Augenblick des Zaubers und der Gnade war in jedem Jahr für den Knaben die erste Schwertlilie. In ihrem Kelch hatte er irgendeinmal, im frühsten Kindestraum, zum erstenmal im Buch der Wunder gelesen, ihr Duft und wehendes vielfaches Blau war ihm Anruf und Schlüssel der Schöpfung gewesen. So ging die Schwertlilie mit ihm durch alle Jahre seiner Unschuld, war in jedem neuen Sommer neu, geheimnisreicher und rührender geworden. Auch andre Blumen hatten einen Mund, auch andre Blumen sandten Duft und Gedanken aus, auch andre lockten Biene und Käfer in ihre kleinen, süßen Kammern. Aber die blaue Lilie war dem Knaben mehr als jede andre Blume lieb und wichtig geworden, sie wurde ihm Gleichnis und Beispiel alles Nachdenkenswerten und Wunderbaren. Wenn er in ihren Kelch blickte und versunken diesem hellen träumerischen Pfad mit seinen Gedanken folgte, zwischen den gelben wunderlichen Gestäuden dem verdämmernden Blumeninnern entgegen, dann blickte seine Seele in das Tor, wo die Erscheinung zum Rätsel und das Sehen zum Ahnen wird. Er träumte auch bei Nacht zuweilen von diesem Blumenkelch, sah ihn ungeheuer groß vor sich geöffnet wie das

Tor eines himmlischen Palastes, ritt auf Pferden, flog auf Schwänen hinein, und mit ihm flog und ritt und glitt die ganze Welt leise, von Magie gezogen, in den holden Schlund hinein und hinab, wo jede Erwartung zur Erfüllung und jede Ahnung Wahrheit werden mußte.

Jede Erscheinung auf Erden ist ein Gleichnis, und jedes Gleichnis ist ein offnes Tor, durch welches die Seele, wenn sie bereit ist, in das Innere der Welt zu gehen vermag, wo du und ich Tag und Nacht alle eines sind. Jedem Menschen tritt hier und dort in seinem Leben das geöffnete Tor in den Weg, jeden fliegt irgendeinmal der Gedanke an, daß alles Sichtbare ein Gleichnis sei und daß hinter dem Gleichnis der Geist und das ewige Leben wohne. Wenige freilich gehen durch das Tor und geben den schönen Schein dahin für die geahnte Wirklichkeit des Innern.

So erschien dem Knaben Anselm sein Blumenkelch als die aufgetane, stille Frage, der seine Seele in quellender Ahnung einer seligen Antwort entgegendrängte. Dann wieder zog das liebliche Vielerlei der Dinge ihn hinweg, in Gesprächen und Spielen zu Gras und Steinen, Wurzeln, Busch, Getier und allen Freundlichkeiten seiner Welt. Oft sank er tief in die Betrachtung seiner selbst hinab, er saß hingegeben an die Merkwürdigkeiten seines Leibes, fühlte mit geschlossenen Augen beim Schlucken, beim Singen, beim Atmen sonderbare Regungen, Gefühle und Vorstellungen im Munde und im Hals, fühlte auch dort dem Pfad und dem Tore nach, auf denen Seele zu Seele gehen kann. Mit Bewunderung beobachtete er die bedeutsamen Farbenfiguren, die bei geschlossenen Augen ihm oft aus purpurfarbenem Dunkel erschienen, Flecken und Halbkreise von Blau und tiefem Rot, glasig helle Linien dazwischen. Manchmal empfand Anselm mit froh erschrockener Bewegung die feinen, hundertfachen Zusammenhänge zwischen Auge und Ohr, Geruch und Getast, fühlte für schöne flüchtige Augenblicke Töne, Laute, Buchstaben verwandt und gleich mit Rot und Blau, mit Hart und Weich, oder wun-

derte sich beim Riechen an einem Kraut oder an einer abgeschälten grünen Rinde, wie sonderbar nahe Geruch und Geschmack beisammen waren und oft ineinander übergingen und eins wurden.
Alle Kinder fühlen so, wennschon nicht alle mit derselben Stärke und Zartheit, und bei vielen ist dies alles schon hinweg und wie nie gewesen, noch ehe sie den ersten Buchstaben haben lesen lernen. Andern bleibt das Geheimnis der Kindheit lange nah, und einen Rest und Nachhall davon nehmen sie bis zu den weißen Haaren und den späten müden Tagen mit sich. Alle Kinder, solange sie noch im Geheimnis stehen, sind ohne Unterlaß in der Seele mit dem einzig Wichtigen beschäftigt, mit sich selbst und mit dem rätselhaften Zusammenhang ihrer eignen Person mit der Welt ringsumher. Sucher und Weise kehren mit den Jahren der Reife zu diesen Beschäftigungen zurück, die meisten Menschen aber vergessen und verlassen diese innere Welt des wahrhaft Wichtigen schon früh für immer und irren lebenslang in den bunten Irrsalen von Sorgen, Wünschen und Zielen umher, deren keines in ihrem Innersten wohnt, deren keines sie wieder zu ihrem Innersten und nach Hause führt.
Anselms Kindersommer und -herbste kamen sanft und gingen ungehört, wieder und wieder blühte und verblühte Schneeglocke, Veilchen, Goldlack, Lilie, Immergrün und Rose, schön und reich wie je. Er lebte mit, ihm sprach Blume und Vogel, ihm hörte Baum und Brunnen zu, und er nahm seinen ersten geschriebenen Buchstaben und seinen ersten Freundschaftskummer in alter Weise mit hinüber zum Garten, zur Mutter, zu den bunten Steinen am Beet.
Aber einmal kam ein Frühling, der klang und roch nicht wie die frühern alle, die Amsel sang, und es war nicht das alte Lied, die blaue Iris blühte auf und keine Träume und Märchengestalten wandelten aus und ein auf dem goldgezäunten Pfad ihres Kelches. Es lachten die Erdbeeren versteckt aus ihrem grünen Schatten, und die Falter taumelten glänzend

über den hohen Dolden, und alles war nicht mehr wie immer, und andre Dinge gingen den Knaben an, und mit der Mutter hatte er viel Streit. Er wußte selber nicht, was es war und warum ihm etwas weh tat und etwas immerfort ihn störte. Er sah nur, die Welt war verändert, und die Freundschaften der bisherigen Zeit fielen von ihm ab und ließen ihn allein.

So ging ein Jahr, und es ging noch eines, und Anselm war kein Kind mehr, und die bunten Steine um das Beet waren langweilig, und die Blumen stumm, und die Käfer hatte er auf Nadeln in einem Kasten stecken, und seine Seele hatte den langen, harten Umweg angetreten, und die alten Freuden waren versiegt und verdorrt.

Ungestüm drang der junge Mensch ins Leben, das ihm nun erst zu beginnen schien. Verweht und vergessen war die Welt der Gleichnisse, neue Wünsche und Wege lockten ihn hinweg. Noch hing Kindheit ihm wie ein Duft im blauen Blick und im weichen Haar, doch liebte er es nicht, wenn er daran erinnert wurde, und schnitt die Haare kurz und tat in seinen Blick so viel Kühnheit und Wissen als er vermochte. Launisch stürmte er durch die bangen, wartenden Jahre, guter Schüler bald und Freund, bald allein und scheu, einmal in Büchern vergraben bis in die Nächte, einmal wild und laut bei ersten Jünglingsgelagen. Die Heimat hatte er verlassen müssen und sah sie nur selten auf kurzen Besuchen wieder, wenn er verändert, gewachsen und fein gekleidet heim zur Mutter kam. Er brachte Freunde mit, brachte Bücher mit, immer anderes, und wenn er durch den alten Garten ging, war der Garten klein und schwieg vor seinem zerstreuten Blick. Nie mehr las er Geschichten im bunten Geäder der Steine und der Blätter, nie mehr sah er Gott und die Ewigkeit im Blütengeheimnis der blauen Iris wohnen.

Anselm war Schüler, war Student, er kehrte in die Heimat mit einer roten und dann mit einer gelben Mütze, mit einem Flaum auf der Lippe und mit einem jungen Bart. Er brachte Bücher in fremden Sprachen mit, und einmal einen Hund,

und in einer Ledermappe auf der Brust trug er bald verschwiegene Gedichte, bald Abschriften uralter Weisheiten, bald Bildnisse und Briefe hübscher Mädchen. Er kehrte wieder und war weit in fremden Ländern gewesen und hatte auf großen Schiffen auf dem Meer gewohnt. Er kehrte wieder und war ein junger Gelehrter, trug einen schwarzen Hut und dunkle Handschuhe, und die alten Nachbarn zogen die Hüte vor ihm und nannten ihn Professor, obschon er noch keiner war. Er kam wieder und trug schwarze Kleider, und ging schlank und ernst hinter dem langsamen Wagen her, auf dem seine alte Mutter im geschmückten Sarge lag. Und dann kam er selten mehr.

In der Großstadt, wo Anselm jetzt die Studenten lehrte und für einen berühmten Gelehrten galt, da ging er, spazierte, saß und stand genau wie andre Leute der Welt, im feinen Rock und Hut, ernst oder freundlich, mit eifrigen und manchmal etwas ermüdeten Augen, und war ein Herr und ein Forscher, wie er es hatte werden wollen. Nun ging es ihm ähnlich, wie es ihm am Ende seiner Kindheit gegangen war. Er fühlte plötzlich viele Jahre hinter sich weggeglitten, und stand seltsam allein und unbefriedigt mitten in der Welt, nach der er immer getrachtet hatte. Es war kein rechtes Glück, Professor zu sein, es war keine volle Lust, von Bürgern und Studenten tief gegrüßt zu werden. Es war alles wie welk und verstaubt, und das Glück lag wieder weit in der Zukunft, und der Weg dahin sah heiß und staubig und gewöhnlich aus.

In dieser Zeit kam Anselm viel in das Haus eines Freundes, dessen Schwester ihn anzog. Er lief jetzt nicht mehr leicht einem hübschen Gesichte nach, auch das war anders geworden, und er fühlte, daß das Glück für ihn auf besondere Weise kommen müsse und nicht hinter jedem Fenster liegen könne. Die Schwester seines Freundes gefiel ihm sehr, und oft glaubte er zu wissen, daß er sie wahrhaft liebe. Aber sie war ein besonderes Mädchen, jeder Schritt und jedes Wort von ihr war eigen gefärbt und geprägt, und es war nicht immer

leicht, mit ihr zu gehen und den gleichen Schritt mit ihr zu finden. Wenn Anselm zuweilen in seiner einsamen Wohnung am Abend auf und niederging und nachdenklich seinem eigenen Schritt durch die leeren Stuben zuhörte, dann stritt er viel mit sich selber wegen seiner Freundin. Sie war älter, als er sich seine Frau gewünscht hätte. Sie war sehr eigen, und es würde schwierig sein, neben ihr zu leben und seinem gelehrten Ehrgeiz zu folgen, denn von dem mochte sie nichts hören. Auch war sie nicht sehr stark und gesund, und konnte namentlich Gesellschaft und Feste schlecht ertragen. Am liebsten lebte sie, mit Blumen und Musik und etwa einem Buch um sich, in einsamer Stille, wartete, ob jemand zu ihr käme, und ließ die Welt ihren Gang gehen. Manchmal war sie so zart und empfindlich, daß alles Fremde ihr weh tat und sie leicht zum Weinen brachte. Dann wieder strahlte sie still und fein in einem einsamen Glück, und wer es sah, der fühlte, wie schwer es sei, dieser schönen seltsamen Frau etwas zu geben und etwas für sie zu bedeuten. Oft glaubte Anselm, daß sie ihn lieb habe, oft schien ihm, sie habe niemanden lieb, sei nur mit allen zart und freundlich, und begehre von der Welt nichts, als in Ruhe gelassen zu werden. Er aber wollte anderes vom Leben, und wenn er eine Frau haben würde, so müßte Leben und Klang und Gastlichkeit im Hause sein.
»Iris«, sagte er zu ihr, »liebe Iris, wenn doch die Welt anders eingerichtet wäre! Wenn es gar nichts gäbe als deine schöne, sanfte Welt mit Blumen, Gedanken und Musik, dann wollte ich mir nichts andres wünschen als mein Leben lang bei dir zu sein, deine Geschichten zu hören und in deinen Gedanken mitzuleben. Schon dein Name tut mir wohl, Iris ist ein wundervoller Name, ich weiß gar nicht, woran er mich erinnert.«
»Du weißt doch«, sagte sie, »daß die blauen und gelben Schwertlilien so heißen.«
»Ja«, rief er in einem beklommenen Gefühl, »das weiß ich wohl, und schon das ist sehr schön. Aber immer wenn ich dei-

nen Namen sage, will er mich noch außerdem an irgend etwas mahnen, ich weiß nicht was, als sei er mir mit ganz tiefen, fernen, wichtigen Erinnerungen verknüpft, und doch weiß und finde ich nicht, was das sein könnte.«

Iris lächelte ihn an, der ratlos stand und mit der Hand seine Stirne rieb.

»Mir geht es jedesmal so«, sagte sie mit ihrer vogelleichten Stimme zu Anselm, »wenn ich an einer Blume rieche. Dann meint mein Herz jedesmal, mit dem Duft sei ein Andenken an etwas überaus Schönes und Kostbares verbunden, das einmal vorzeiten mein war und mir verlorengegangen ist. Mit der Musik ist es auch so, und manchmal mit Gedichten – da blitzt auf einmal etwas auf, einen Augenblick lang, wie wenn man eine verlorene Heimat plötzlich unter sich im Tale liegen sähe, und ist gleich wieder weg und vergessen. Lieber Anselm, ich glaube, daß wir zu diesem Sinn auf Erden sind, zu diesem Nachsinnen und Suchen und Horchen auf verlorene ferne Töne, und hinter ihnen liegt unsere wahre Heimat.«

»Wie schön du das sagst«, schmeichelte Anselm, und er fühlte in der eigenen Brust eine fast schmerzende Bewegung, als weise dort ein verborgener Kompaß unweigerlich seinem fernen Ziele zu. Aber dieses Ziel war ganz ein andres, als er es seinem Leben geben wollte, und das tat weh, und war es denn seiner würdig, sein Leben in Träumen hinter hübschen Mädchen her zu verspielen?

Indessen kam ein Tag, da war Herr Anselm von einer einsamen Reise heimgekehrt und fand sich von seiner kahlen Gelehrtenwohnung so kalt und bedrückend empfangen, daß er zu seinen Freunden lief und gesonnen war, die schöne Iris um ihre Hand zu bitten.

»Iris«, sagte er zu ihr, »ich mag so nicht weiterleben. Du bist immer meine gute Freundin gewesen, ich muß dir alles sagen. Ich muß eine Frau haben, sonst fühle ich mein Leben leer und ohne Sinn. Und wen sollte ich mir zur Frau wünschen als dich, du liebe Blume? Willst du, Iris? Du sollst Blumen haben, so viele nur zu finden sind, den schönsten Garten sollst du haben. Magst du zu mir kommen?«

Iris sah ihm lang und ruhig in die Augen, sie lächelte nicht und errötete nicht, und gab ihm mit fester Stimme Antwort: »Anselm, ich bin über deine Frage nicht erstaunt. Ich habe dich lieb, obschon ich nie daran gedacht habe, deine Frau zu werden. Aber sieh, mein Freund, ich mache große Ansprüche an den, dessen Frau ich werden soll. Ich mache größere Ansprüche, als die meisten Frauen machen. Du hast mir Blumen angeboten, und meinst es gut damit. Aber ich kann auch ohne Blumen leben, und auch ohne Musik, ich könnte alles das und viel andres wohl entbehren, wenn es sein müßte. Eins aber kann und will ich nie entbehren: ich kann niemals auch nur einen Tag lang so leben, daß nicht die Musik in meinem Herzen mir die Hauptsache ist. Wenn ich mit einem Manne leben soll, so muß es einer sein, dessen innere Musik mit der meinen gut und fein zusammenstimmt, und daß seine eigene Musik rein und daß sie gut zu meiner klinge, muß sein einziges Begehren sein. Kannst du das, Freund? Du wirst dabei wahrscheinlich nicht weiter berühmt werden und Ehren erfahren, dein Haus wird still sein, und die Falten, die ich auf deiner Stirn seit manchem Jahr her kenne, müssen alle wieder ausgetan werden. Ach, Anselm, es wird nicht gehen. Sieh, du bist so, daß du immer neue Falten in deine Stirne studieren und dir immer neue Sorgen machen mußt, und was ich sinne und bin, das liebst du wohl und findest es hübsch, aber es ist für dich wie für die meisten doch bloß ein feines Spielzeug. Ach, höre mich wohl: alles, was dir jetzt Spielzeug ist, ist mir das Leben selbst und müßte es auch dir sein, und alles, woran du Mühe und Sorge wendest, das ist für mich ein Spielzeug, ist für meinen Sinn nicht wert, daß man dafür lebe. – Ich werde nicht mehr anders werden, Anselm, denn ich lebe nach einem Gesetz, das in mir ist. Wirst aber du anders werden können? Und du müßtest ganz anders werden, damit ich deine Frau sein könnte.«

Anselm schwieg betroffen vor ihrem Willen, den er schwach und spielerisch gemeint hatte. Er schwieg und zerdrückte achtlos in der erregten Hand eine Blume, die er vom Tisch genommen hatte.

Da nahm ihm Iris sanft die Blume aus der Hand – es fuhr ihm wie ein schwerer Vorwurf ins Herz – und lächelte nun plötzlich hell und liebevoll, als habe sie ungehofft einen Weg aus dem Dunkel gefunden.

»Ich habe einen Gedanken«, sagte sie leise, und errötete dabei. »Du wirst ihn sonderbar finden, er wird dir eine Laune scheinen. Aber er ist keine Laune. Willst du ihn hören? Und willst du ihn annehmen, daß er über dich und mich entscheiden soll?«

Ohne sie zu verstehen, blickte Anselm seine Freundin an, Sorge in den blassen Zügen. Ihr Lächeln bezwang ihn, daß er Vertrauen faßte und ja sagte.

»Ich möchte dir eine Aufgabe stellen«, sagte Iris und wurde rasch wieder sehr ernst.

»Tue das, es ist dein Recht«, ergab sich der Freund.

»Es ist mein Ernst«, sagte sie, »und mein letztes Wort. Willst du es hinnehmen, wie es mir aus der Seele kommt, und nicht daran markten und feilschen, auch wenn du es nicht sogleich verstehst?«

Anselm versprach es. Da sagte sie, indem sie aufstand und ihm die Hand gab:

»Mehrmals hast du mir gesagt, daß du beim Aussprechen meines Namens jedesmal dich an etwas Vergessenes erinnert fühlst, was dir einst wichtig und heilig war. Das ist ein Zeichen, Anselm, und das hat dich alle die Jahre zu mir hingezogen. Auch ich glaube, daß du in deiner Seele Wichtiges und Heiliges verloren und vergessen hast, was erst wieder wach sein muß, ehe du ein Glück finden und das dir Bestimmte erreichen kannst. – Leb wohl, Anselm! Ich gebe dir die Hand und bitte dich: Geh und sieh, daß du das in deinem Gedächtnis wiederfindest, woran du durch meinen Namen erinnert wirst. Am Tage, wo du es wiedergefunden hast, will ich als deine Frau mit dir hingehen, wohin du willst, und keine Wünsche mehr haben als deine.«

Bestürzt wollte der verwirrte Anselm ihr ins Wort fallen und diese Forderung eine Laune schelten, aber sie mahnte ihn mit einem klaren Blick an sein Versprechen, und er schwieg still. Mit niedergeschlagenen Augen nahm er ihre Hand, zog sie an seine Lippen und ging hinaus.

Manche Aufgaben hatte er in seinem Leben auf sich genommen und gelöst, aber keine war so seltsam, wichtig und dabei so entmutigend gewesen wie diese. Tage und Tage lief er umher und sann sich daran müde, und immer wieder kam die Stunde, wo er verzweifelt und zornig diese ganze Aufgabe eine verrückte Weiberlaune schalt und in Gedanken von sich warf. Dann aber widersprach tief in seinem Innern etwas, ein sehr feiner, heimlicher Schmerz, eine ganz zarte, kaum hörbare Mahnung. Diese feine Stimme, die in seinem eigenen Herzen war, gab Iris recht und tat dieselbe Forderung wie sie.

Allein diese Aufgabe war allzu schwer für den gelehrten Mann. Er sollte sich an etwas erinnern, was er längst vergessen hatte, er sollte einen einzelnen, goldenen Faden aus dem Spinnweb untergesunkener Jahre wiederfinden, er sollte etwas mit Händen greifen und seiner Geliebten darbringen, was nichts war als ein verwehter Vogelruf, ein Anflug von Lust oder Trauer beim Hören einer Musik, was dünner, flüchtiger und körperloser war als ein Gedanke, nichtiger als ein nächtlicher Traum, unbestimmter als ein Morgennebel.

Manchmal, wenn er verzagend das alles von sich geworfen und voll übler Laune aufgegeben hatte, dann wehte ihn unversehens etwas an wie ein Hauch aus fernen Gärten, er flüsterte den Namen Iris vor sich hin, zehnmal und mehrmal, leise und spielend, wie man einen Ton auf einer gespannten Saite prüft. »Iris«, flüsterte er, »Iris«, und mit feinem Weh fühlte er in sich innen etwas sich bewegen, wie in einem alten verlassenen Hause ohne Anlaß eine Tür aufgeht und ein Laden knarrt. Er prüfte seine Erinnerungen, die er wohl geordnet in sich zu tragen geglaubt hatte, und er kam dabei auf wunderliche und bestürzende Entdeckungen. Sein Schatz an Erinnerungen war unendlich viel kleiner, als er je gedacht hätte. Ganze Jahre fehlten und standen leer wie unbeschriebene Blätter, wenn er zurückdachte. Er fand, daß er große Mühe hatte, sich das Bild seiner Mutter wieder deutlich vorzustellen. Er hatte vollkommen vergessen, wie ein Mädchen hieß, das er als Jüngling wohl ein Jahr lang mit brennender Werbung verfolgt hatte. Ein Hund fiel ihm ein, den er einst als Student in einer Laune gekauft und der eine Zeitlang mit ihm gewohnt und gelebt hatte. Er brauchte Tage, bis er wieder auf des Hundes Namen kam.

Schmerzvoll sah der arme Mann mit wachsender Trauer und Angst, wie zerronnen und leer sein Leben hinter ihm lag, nicht mehr zu ihm gehörig, ihm fremd und ohne Beziehung zu ihm wie etwas, was man einst auswendig gelernt hat und wovon man nun mit Mühe noch öde Bruchstücke zusammenbringt. Er begann zu schreiben, er wollte, Jahr um Jahr zurück, seine wichtigsten Erlebnisse niederschreiben, um sie einmal wieder fest in Händen zu haben. Aber wo waren seine wichtigsten Erlebnisse? Daß er Professor geworden war? Daß er einmal Doktor, einmal Schüler, einmal Student gewesen war? Oder daß ihm einmal, in verschollenen Zeiten, dies Mädchen oder jenes eine Weile gefallen hatte. Erschrekkend blickte er auf: war das das Leben? War dies alles? Und er schlug sich vor die Stirn und lachte gewaltsam.

Indessen lief die Zeit, nie war sie so schnell und unerbittlich gelaufen! Ein Jahr war um, und ihm schien, er stehe noch genau am selben Ort wie in der Stunde, da er Iris verlassen. Doch hatte er sich in dieser Zeit sehr verändert, was außer ihm ein jeder sah und wußte. Er war sowohl älter wie jünger geworden. Seinen Bekannten war er fast fremd geworden, man fand ihn zerstreut, launisch und sonderbar, er kam in den Ruf eines seltsamen Kauzes, für den es schade sei, aber er sei zu lange Junggesell geblieben. Es kam vor, daß er seine Pflichten vergaß und daß seine Schüler vergebens auf ihn warteten. Es geschah, daß er gedankenvoll durch eine Straße schlich, den Häusern nach, und mit dem verwahrlosten Rock im Hinstreifen den Staub von den Gesimsen wischte. Manche meinten, er habe zu trinken angefangen. Andre Male aber hielt er mitten in einem Vortrag vor seinen Schülern inne, suchte sich auf etwas zu besinnen, lächelte kindlich und herzbezwingend, wie es niemand an ihm gekannt hatte, und fuhr mit einem Ton der Wärme und Rührung fort, der vielen zu Herzen ging.

Längst war ihm auf dem hoffnungslosen Streifzug hinter den Düften und verwehten Spuren ferner Jahre her ein neuer Sinn zugekommen, von dem er jedoch selbst nichts wußte. Es war ihm öfter und öfter vorgekommen, daß hinter dem, was er bisher Erinnerungen genannt, noch andre Erinnerungen lagen, wie auf einer alten bemalten Wand zuweilen hinter den alten Bildern noch ältere, einst übermalte verborgen schlummern. Er wollte sich auf irgend etwas besinnen, etwa auf den Namen einer Stadt, in der er als Reisender einmal Tage verbracht hatte, oder auf den Geburtstag eines Freundes, oder auf irgend etwas, und indem er nun ein kleines Stück Vergangenheit wie Schutt durchgrub und durchwühlte, fiel ihm plötzlich etwas ganz anderes ein. Es überfiel ihn ein Hauch, wie ein Aprilmorgenwind oder wie ein Septembernebeltag, er roch einen Duft, er schmeckte einen Geschmack, er fühlte dunkle zarte Gefühle irgendwo, auf der Haut, in den Augen, im Herzen, und langsam wurde ihm klar: es müsse einst ein Tag gewesen sein, blau, warm, oder kühl, grau, oder irgend sonst ein Tag, und das Wesen dieses Tages müsse in ihm sich verfangen haben und als dunkle Erinnerung hängengeblieben sein. Er konnte den Frühlings- oder Wintertag, den er deutlich roch und fühlte, nicht in der wirklichen Vergangenheit wiederfinden, es waren keine Namen und Zahlen dabei, vielleicht war es in der Studentenzeit, vielleicht noch in der Wiege gewesen, aber der Duft war da, und er fühlte etwas in sich lebendig, wovon er nicht wußte und was er nicht nennen und bestimmen konnte. Manchmal schien ihm, es könnten diese Erinnerungen wohl auch über das Leben zurück in Vergangenheiten eines vorigen Daseins reichen, obwohl er darüber lächelte.

Vieles fand Anselm auf seinen ratlosen Wanderungen durch die Schlünde des Gedächtnisses. Vieles fand er, was ihn rührte und ergriff, und vieles, was erschreckte und Angst machte, aber das eine fand er nicht, was der Name Iris für ihn bedeute.

Einstmals suchte er auch, in der Qual des Nichtfindenkönnens, seine alte Heimat wieder auf, sah die Wälder und Gassen, die Stege und Zäune wieder, stand im alten Garten seiner Kindheit und fühlte die Wogen über sein Herz fluten, Vergangenheit umspann ihn wie Traum. Traurig und still kam er von dort zurück. Er ließ sich krank sagen und jeden wegschicken, der zu ihm begehrte.

Einer kam dennoch zu ihm. Es war sein Freund, den er seit seiner Werbung um Iris nicht mehr gesehen hatte. Er kam und sah Anselm verwahrlost in seiner freudlosen Klause sitzen.

»Steh auf«, sagte er zu ihm, »und komm mit mir. Iris will dich sehen.«

Anselm sprang empor.

»Iris! Was ist mit ihr? – O ich weiß, ich weiß!«

»Ja«, sagte der Freund, »komm mit! Sie will sterben, sie liegt seit langem krank.«

Sie gingen zu Iris, die lag auf einem Ruhebett leicht und schmal wie ein Kind, und lächelte hell aus vergrößerten Augen. Sie gab Anselm ihre weiße leichte Kinderhand, die lag wie eine Blume in seiner, und ihr Gesicht war wie verklärt.

»Anselm«, sagte sie, »bist du mir böse? Ich habe dir eine schwere Aufgabe gestellt, und ich sehe, du bist ihr treu geblieben. Suche weiter, und gehe diesen Weg, bis du am Ziele bist! Du meintest ihn meinetwegen zu gehen, aber du gehst ihn deinetwegen. Weißt du das?«

»Ich ahnte es«, sagte Anselm, »und nun weiß ich es. Es ist ein langer Weg, Iris, und ich wäre längst zurückgegangen, aber ich finde keinen Rückweg mehr. Ich weiß nicht, was aus mir werden soll.«

Sie blickte ihm in die traurigen Augen und lächelte licht und tröstlich, er bückte sich über ihre dünne Hand und weinte lang, daß ihre Hand naß von seinen Tränen wurde.

»Was aus dir werden soll«, sagte sie mit einer Stimme, die nur wie Erinnerungsschein war, »was aus dir werden soll, mußt du nicht fragen. Du hast viel gesucht in deinem Leben. Du hast die Ehre gesucht, und das Glück, und das Wissen, und hast mich gesucht, deine kleine Iris. Das alles sind nur hübsche Bilder gewesen, und sie verließen dich, wie ich dich nun verlassen muß. Auch mir ist es so gegangen. Immer habe ich gesucht, und immer waren es schöne liebe Bilder, und immer wieder fielen sie ab und waren verblüht. Ich weiß nun keine Bilder mehr, ich suche nichts mehr, ich bin heimgekehrt und habe nur noch einen kleinen Schritt zu tun, dann bin ich in der Heimat. Auch du wirst dorthin kommen, Anselm, und wirst dann keine Falten mehr auf deiner Stirn haben.«

Sie war so bleich, daß Anselm verzweifelt rief: »O warte noch, Iris, geh noch nicht fort! Laß mir ein Zeichen da, daß du mir nicht ganz verlorengehst!«

Sie nickte und griff neben sich in ein Glas, und gab ihm eine frisch aufgeblühte blaue Schwertlilie.

»Da nimm meine Blume, die Iris, und vergiß mich nicht. Suche mich, suche die Iris, dann wirst du zu mir kommen.«

Weinend hielt Anselm die Blume in Händen und nahm weinend Abschied. Als der Freund ihm Botschaft sandte, kam er wieder und half ihren Sarg mit Blumen schmücken und zur Erde bringen.

Dann brach sein Leben hinter ihm zusammen, es schien ihm

nicht möglich, diesen Faden fortzuspinnen. Er gab alles auf, verließ Stadt und Amt, und verscholl in der Welt. Hier und dort wurde er gesehen, in seiner Heimat tauchte er auf und lehnte sich über den Zaun des alten Gartens, aber wenn die Leute nach ihm fragen und sich um ihn annehmen wollten, war er weg und verschwunden.

Die Schwertlilie blieb ihm lieb. Oft bückte er sich über eine, wo immer er sie stehen sah, und wenn er lang den Blick in ihren Kelch versenkte, schien ihm aus dem bläulichen Grunde Duft und Ahnung alles Gewesenen und Künftigen entgegenzuwehen, bis er traurig weiterging, weil die Erfüllung nicht kam. Ihm war, als lauschte er an einer halb offen stehenden Tür, und höre lieblichstes Geheimnis hinter ihr atmen, und wenn er eben meinte, jetzt und jetzt müsse alles sich ihm geben und erfüllen, war die Tür zugefallen, und der Wind der Welt strich kühl über seine Einsamkeit.

In seinen Träumen sprach die Mutter zu ihm, deren Gestalt und Gesicht er nun so deutlich und nahe fühlte wie in langen Jahren nie. Und Iris sprach zu ihm, und wenn er erwachte, klang ihm etwas nach, woran zu sinnen er den ganzen Tag verweilte. Er war ohne Stätte, fremd lief er durch die Lande, schlief in Häusern, schlief in Wäldern, aß Brot oder aß Beeren, trank Wein oder trank Tau aus den Blättern der Gebüsche, er wußte nichts davon. Vielen war er ein Narr, vielen war er ein Zauberer, viele fürchteten ihn, viele lachten über ihn, viele liebten ihn. Er lernte, was er nie gekonnt, bei Kindern sein und an ihren seltsamen Spielen teilhaben, mit einem abgebrochenn Zweig und mit einem Steinchen reden. Winter und Sommer liefen an ihm vorbei, in Blumenkelche schaute er und in Bach und See.

»Bilder«, sagte er zuweilen vor sich hin, »alles nur Bilder.«

Aber in sich innen fühlte er ein Wesen, das nicht Bild war, dem folgte er, und das Wesen in ihm konnte zuzeiten sprechen, und seine Stimme war die der Iris und die der Mutter, und sie war Trost und Hoffnung.

Wunder begegneten ihm, und sie wunderten ihn nicht. Und so ging er einst im Schnee durch einen winterlichen Grund, und an seinem Bart war Eis gewachsen. Und im Schnee stand spitz und schlank eine Irispflanze, die trieb eine schöne einsame Blüte, und er bückte sich zu ihr und lächelte, denn nun erkannte er das, woran ihn die Iris immer und immer gemahnt hatte. Er erkannte seinen Kindestraum wieder, und sah zwischen goldenen Stäben die lichtblaue Bahn hellgeädert in das Geheimnis und Herz der Blume führen, und wußte, dort war das, was er suchte, dort war das Wesen, das kein Bild mehr ist.

Und wieder trafen ihn Mahnungen, Träume führten ihn, und er kam zu einer Hütte, da waren Kinder, die gaben ihm Milch, und er spielte mit ihnen, und sie erzählen ihm Geschichten, und erzählten ihm, im Wald bei den Köhlern sei ein Wunder geschehen. Da sehe man die Geisterpforte offen stehen, die nur alle tausend Jahr sich öffne. Er hörte zu und nickte dem lieben Bilde zu, und ging weiter, ein Vogel sang vor ihm im Erlengebüsch, der hatte eine seltene, süße Stimme, wie die Stimme der gestorbenen Iris. Dem folgte er, er flog und hüpfte weiter und weiter, über den Bach und weit in alle Wälder hinein.

Als der Vogel schwieg und nicht zu hören noch zu sehen mehr war, da blieb Anselm stehen und sah sich um. Er stand in einem tiefen Tal im Walde, unter breiten grünen Blättern rann leise ein Gewässer, sonst war alles still und wartend. In seiner Brust aber sang der Vogel fort, mit der geliebten Stimme, und trieb ihn weiter, bis er vor einer Felswand stand, die war mit Moos bewachsen, und in ihrer Mitte klaffte ein Spalt, der führte schmal und eng ins Innere des Berges.

Ein alter Mann saß vor dem Spalt, der erhob sich, als er Anselm kommen sah, und rief: »Zurück, du Mann, zurück! Das ist das Geistertor. Es ist noch keiner wiedergekommen, der da hineingegangen ist.«

Anselm blickte empor und in das Felsentor, da sah er tief in len standen dicht zu beiden Seiten, und der Pfad sank nach innen hinabwärts wie in den Kelch einer ungeheuren Blume den Berg einen blauen Pfad sich verlieren, und goldene Säu- hinunter.

In seiner Brust sang der Vogel hell, und Anselm schritt an dem Wächter vorüber in den Spalt und durch die goldnen Säulen hin ins blaue Geheimnis des Innern. Es war Iris, in deren Herz er drang, und es war die Schwertlilie im Garten der Mutter, in deren blauen Kelch er schwebend trat, und als er still der goldnen Dämmerung entgegenging, da war alle Erinnerung und alles Wissen mit einem Male bei ihm, er fühlte seine Hand, und sie war klein und weich, Stimmen der Liebe klangen nah und vertraut in sein Ohr, und sie klangen so, und die goldnen Säulen glänzten so, wie damals in den Frühlingen der Kindheit alles ihm getönt und geleuchtet hatte.

Und auch sein Traum war wieder da, den er als kleiner Knabe geträumt, daß er in den Kelch hinabschritt, und hinter ihm schritt und glitt die ganze Welt der Bilder mit, und versank im Geheimnis, das hinter allen Bildern liegt.

Leise fing Anselm an zu singen, und sein Pfad sank leise abwärts in die Heimat. (1918)

Endlich hatte Gott der Herr ein Einsehen und machte dem Erdentage, der mit dem blutigen Weltkriege geendet, selber ein Ende, indem er die große Flut sandte. Mitleidig spülten die Wasserfluten hinweg, was das alternde Gestirn schändete, die blutigen Schneefelder und die von Geschützen starrenden Gebirge, die verwesenden Leichen zusammen mit denen, die um sie weinten, die Empörten und Mordlustigen zusammen mit den Verarmten, die Hungernden zusammen mit den geistig Irrgewordenen.
Freundlich sah der blaue Weltenhimmel auf die blanke Kugel herab.
Übrigens hatte sich die europäische Technik bis zuletzt glänzend bewährt. Wochenlang hatte sich Europa gegen die langsam steigenden Wasser umsichtig und zäh gehalten. Erst durch ungeheure Dämme, an welchen Millionen von Kriegsgefangenen Tag und Nacht arbeiteten; dann durch künstliche Erhöhungen, die mit fabelhafter Schnelligkeit emporstiegen und anfangs das Aussehen riesiger Terrassen hatten, dann aber mehr und mehr zu Türmen gipfelten. Von diesen Türmen aus bewährte sich menschlicher Heldensinn mit rührender Treue bis zum letzten Tage. Während Europa und alle Welt versunken und ersoffen war, gleißten von den letzten ragenden Eisentürmen noch immer grell und unbeirrt die Scheinwerfer durch die feuchte Dämmerung der untergehenden Erde, und aus den Geschützen sausten in eleganten Bogen die Granaten hin und her. Zwei Tage vor dem Ende entschlossen sich die Führer der Mittelmächte, durch Lichtzeichen ein Friedensangebot an die Feinde zu richten. Die Feinde verlangten jedoch sofortige Räumung der noch stehenden befestigten Türme, und dazu konnten auch die entschlossensten Friedensfreunde sich nicht bereit erklären. So wurde heldenhaft geschossen bis zur letzten Stunde.
Nun war alle Welt überschwemmt. Der einzige überlebende

Europäer trieb auf einem Rettungsgürtel in der Flut und war mit seinen letzten Kräften damit beschäftigt, die Ereignisse der letzten Tage aufzuschreiben, damit eine spätere Menschheit wisse, daß sein Vaterland es gewesen war, das den Untergang der letzten Feinde um Stunden überdauert und sich so für ewig die Siegespalme gesichert hatte.

Da erschien am grauen Horizont schwarz und riesig ein schwerfälliges Fahrzeug, das sich langsam dem Ermatteten näherte. Er erkannte mit Befriedigung eine gewaltige Arche und sah, ehe er in Ohnmacht sank, den uralten Patriarchen groß mit wehendem Silberbart an Bord des schwimmenden Hauses stehen. Ein gigantischer Neger fischte den Dahintreibenden auf, er lebte und kam bald wieder zu sich. Der Patriarch lächelte freundlich. Sein Werk war geglückt, es war von allen Gattungen der irdischen Lebewesen je ein Exemplar gerettet.

Während die Arche gemächlich vor dem Winde lief und auf das Sinken der trüben Wasser wartete, entspann sich an Bord ein buntes Leben. Große Fische folgten dem Fahrzeug in dichten Schwärmen, in bunten traumhaften Geschwadern schwärmten die Vögel und Insekten über dem offenen Dache, jedes Tier und jeder Mensch war voll inniger Freude, gerettet und einem neuen Leben vorbehalten zu sein. Hell und schrill kreischte der bunte Pfau seinen Morgenruf über die Gewässer, lachend spritzte der frohe Elefant sich und sein Weib aus hochgerecktem Rüssel zum Bade, schillernd saß die Eidechse im sonnigen Gebälk; der Indianer spießte mit raschem Speerstoß glitzernde Fische aus der unendlichen Flut, der Neger rieb am Herde Feuer aus trockenen Hölzern und schlug vor Freude seiner fetten Frau in rhythmischen Taktfolgen auf die klatschenden Schenkel, mager und steil stand der Hindu mit verschränkten Armen und murmelte uralte Verse aus den Gesängen der Weltschöpfung vor sich hin. Der Eskimo lag dampfend in der Sonne und schwitzte, aus kleinen Augen lachend, Wasser und Fett von sich, beschnuppert von einem gutmütigen Tapir, und der kleine Japaner hatte sich einen dünnen Stab geschnitzt, den er sorgfältig bald auf seiner Nase, bald auf seinem Kinn balancieren ließ. Der Europäer verwendete sein Schreibzeug dazu, ein Inventar der vorhandenen Lebewesen aufzustellen.

Gruppen und Freundschaften bildeten sich, und wo je ein Streit ausbrechen wollte, wurde er von dem Patriarchen durch einen Wink beseitigt. Alles war gesellig und froh; nur der Europäer war mit seiner Schreibarbeit einsam beschäftigt.

Da entstand unter all den vielfarbigen Menschen und Tieren ein neues Spiel, indem jeder im Wettbewerb seine Fähigkeiten und Künste zeigen wollte. Alle wollten die ersten sein, und es mußte vom Patriarchen selber Ordnung geschaffen werden. Er stellte die großen Tiere und die kleinen Tiere für sich, und wieder für sich die Menschen, und jeder mußte sich melden und die Leistung nennen, mit welcher er zu glänzen dachte, dann kam einer nach dem andern an die Reihe.

Dieses famose Spiel dauerte viele Tage lang, da immer wieder eine Gruppe weglief und ihr Spiel unterbrach, um einer andern zuzusehen. Und jede schöne Leistung wurde von allen mit lautem Beifall bewundert. Wieviel Wundervolles gab es da zu sehen! Wie zeigte da jedes Geschöpf Gottes, was für Gaben in ihm verborgen waren! Wie tat sich da der Reichtum des Lebens auf! Wie wurde gelacht, wie wurde Beifall gerufen, gekräht, geklatscht, gestampft, gewiehert!

Wunderbar lief das Wiesel, und zauberhaft sang die Lerche, prachtvoll marschierte der geblähte Truthahn, und unglaublich flink kletterte das Eichhorn. Der Mandrill ahmte den Malaien nach, und der Pavian den Mandrill! Läufer und Kletterer, Schwimmer und Flieger wetteiferten unermüdet, und jeder war in seiner Weise unübertroffen und fand Geltung. Es gab Tiere, die konnten durch Zauber wirken, und Tiere, die konnten sich unsichtbar machen. Viele taten sich durch Kraft hervor, viele durch List, manche durch Angriff,

manche durch Verteidigung. Insekten konnten sich schützen, indem sie wie Gras, wie Holz, wie Moos, wie Felsgestein aussahen, und andere unter den Schwachen fanden Beifall und trieben lachende Zuschauer in die Flucht, indem sie sich durch grausame Gerüche vor Angriffen zu schützen wußten. Niemand blieb zurück, niemand war ohne Gaben. Vogelnester wurden geflochten, gekleistert, gewebt, gemauert. Raubvögel konnten aus grausiger Höhe das winzigste Ding erkennen.
Und auch die Menschen machten ihre Sache vortrefflich. Wie der große Neger leicht und mühelos am Balken in die Höhe lief, wie der Malaie mit drei Griffen aus einem Palmblatt ein Ruder machte und auf winzigem Brett zu steuern und zu wenden wußte, das war des Zuschauens wert. Der Indianer traf mit leichtem Pfeil das kleinste Ziel, und sein Weib flocht eine Matte aus zweierlei Bast, die hohe Bewunderung erregte. Alles schwieg lange und staunte, als der Hindu vortrat und einige Zauberkünste zeigte. Der Chinese aber zeigte, wie man die Weizenernte durch Fleiß verdreifachen konnte, indem man die ganz jungen Pflanzen auszog und in gleichen Zwischenräumen verpflanzte.
Mehrmals hatte der Europäer, der erstaunlich wenig Liebe genoß, den Unwillen seiner Menschenvettern erregt, da er die Taten anderer mit hartem und verächtlichem Urteil bemängelte. Als der Indianer seinen Vogel hoch aus dem Blau des Himmels herunterschoß, hatte der weiße Mann die Achseln gezuckt und behauptet, mit zwanzig Gramm Dynamit schieße man dreimal so hoch! Und als man ihn aufforderte, das einmal vorzumachen, hatte er es nicht gekonnt, sondern hatte erzählt, ja wenn er das und dies und jenes und noch zehn andere Sachen hätte, dann könnte er es schon machen. Auch den Chinesen hatte er verspottet und gesagt, daß das Umpflanzen von jungem Weizen zwar gewiß unendlichen Fleiß erfordere, daß aber doch wohl eine so sklavische Arbeit ein Volk nicht glücklich machen könne. Der Chinese hatte unter Beifall erwidert, glücklich sei ein Volk, wenn es zu essen habe

und die Götter ehre; der Europamann aber hatte auch hierzu spöttisch gelacht.

Weiter ging das fröhliche Wettspiel, und am Ende hatten alle, Tiere und Menschen, ihre Talente und Künste gezeigt. Der Eindruck war groß und freudig, auch der Patriarch lachte in seinen weißen Bart und sagte lobend, nun möge das Wasser ruhig verlaufen und ein neues Leben auf dieser Erde beginnen; denn noch sei jeder bunte Faden in Gottes Kleid vorhanden, und nichts fehle, um ein unendliches Glück auf Erden zu begründen.

Einzig der Europäer hatte noch kein Kunststück gezeigt, und nun verlangten alle andern stürmisch, er möge vortreten und das Seine tun, damit man sehe, ob auch er ein Recht habe, Gottes schöne Luft zu atmen und in des Patriarchen schwimmendem Hause zu fahren.

Lange weigerte sich der Mann und suchte Ausflüchte. Aber nun legte ihm Noah selbst den Finger auf die Brust und mahnte ihn, ihm zu folgen.

»Auch ich«, so begann nun der weiße Mann, »auch ich habe eine Fähigkeit zu hoher Tüchtigkeit gebracht und ausgebildet. Nicht das Auge ist es, das bei mir besser wäre als bei andern Wesen, und nicht das Ohr oder die Nase oder die Handfertigkeit oder irgend etwas dergleichen. Meine Gabe ist von höherer Art. Meine Gabe ist der Intellekt.«

»Vorzeigen!« rief der Neger, und alle drängten näher hinzu.

»Da ist nichts zu zeigen«, sagte der Weiße mild. »Ihr habt mich wohl nicht recht verstanden. Das, wodurch ich mich auszeichne, ist der Verstand.«

Der Neger lachte munter und zeigte schneeweiße Zähne, der Hindu kräuselte spöttisch die dünnen Lippen, der Chinese lächelte schlau und gutmütig vor sich hin.

»Der Verstand?« sagte er langsam. »Also zeige uns bitte deinen Verstand. Bisher war nichts davon zu sehen.«

»Zu sehen gibt es da nichts«, wehrte sich der Europäer mürrisch. »Meine Gabe und Eigenart ist diese: ich speichere in meinem Kopf die Bilder der Außenwelt auf und vermag aus diesen Bildern ganz allein für mich neue Bilder und Ordnungen herzustellen. Ich kann die ganze Welt in meinem Gehirn denken, also neu schaffen.«

Noah fuhr sich mit der Hand über die Augen.

»Erlaube«, sagte er langsam, »wozu soll das gut sein? Die Welt noch einmal schaffen, die Gott schon erschaffen hat, und ganz für dich allein in deinem kleinen Kopf innen – wozu kann das nützen?«

Alle riefen Beifall und brachen in Fragen aus.

»Wartet!« rief der Europäer. »Ihr versteht mich nicht richtig. Die Arbeit des Verstandes kann man nicht so leicht vorzeigen wie irgendeine Handfertigkeit.«

Der Hindu lächelte.

»O doch, weißer Vetter, das kann man wohl. Zeige uns doch einmal eine Verstandesarbeit, zum Beispiel Rechnen. Laß uns einmal um die Wette rechnen! Also: ein Paar hat drei Kinder, von welchen jedes wieder eine Familie gründet. Jedes von den jungen Paaren bekommt jedes Jahr ein Kind. Wieviel Jahre vergehen, bis die Zahl 100 erreicht ist?«

Neugierig horchten alle zu, begannen an den Fingern zu zählen und krampfhaft zu blicken. Der Europäer begann zu rechnen. Aber schon nach einem Augenblick meldete sich der Chinese, der die Rechnung gelöst hatte.

»Sehr hübsch«, gab der Weiße zu, »aber das sind bloße Geschicklichkeiten. Mein Verstand ist nicht dazu da, solche kleine Kunststücke zu machen, sondern große Aufgaben zu lösen, auf denen das Glück der Menschheit beruht.«

»Oh, das gefällt mir«, ermunterte Noah. »Das Glück zu finden, ist gewiß mehr als alle andern Geschicklichkeiten. Da hast du recht. Schnell sage uns, was du über das Glück der Menschheit zu lehren hast, wir werden dir alle dankbar sein.«

Gebannt und atemlos hingen nun alle an den Lippen des

weißen Mannes. Nun kam es. Ehre sei ihm, der uns zeigen wird, wo das Glück der Menschheit ruht! Jedes böse Wort sei ihm abgebeten, dem Magier! Was brauchte er die Kunst und Geschicklichkeit von Auge, Ohr und Hand, was brauchte er den Fleiß und die Rechenkunst, wenn er solche Dinge wußte!

Der Europäer, der bisher eine stolze Miene gezeigt hatte, begann bei dieser ehrfürchtigen Neugierde allmählich verlegen zu werden.

»Es ist nicht meine Schuld!« sagte er zögernd, »aber ihr versteht mich immer falsch! Ich sagte nicht, daß ich das Geheimnis des Glückes kenne. Ich sagte nur, mein Verstand arbeitet an Aufgaben, deren Lösung das Glück der Menschheit fördern wird. Der Weg dahin ist lang, und nicht ich noch ihr werdet sein Ende sehen. Viele Geschlechter werden noch über diesen schweren Fragen brüten!«

Die Leute standen unschlüssig und mißtrauisch. Was redete der Mann? Auch Noah schaute zur Seite und runzelte die Stirn.

Der Hindu lächelte dem Chinesen zu, und als alle anderen verlegen schwiegen, sagte der Chinese freundlich: »Liebe Brüder, dieser weiße Vetter ist ein Spaßvogel. Er will uns erzählen, daß in seinem Kopfe eine Arbeit geschieht, deren Ertrag die Urenkel unserer Urenkel vielleicht einmal zu sehen bekommen werden, oder auch nicht. Ich schlage vor, wir erkennen ihn als Spaßmacher an. Er sagt uns Dinge, die wir alle nicht recht verstehen können; aber wir alle ahnen, daß diese Dinge, wenn wir sie wirklich verstünden, uns Gelegenheit zu unendlichem Gelächter geben würden. Geht es euch nicht auch so? – Gut denn, ein Hoch auf unsern Spaßmacher!«

Die meisten stimmten ein und waren froh, diese dunkle Geschichte zu einem Schluß gebracht zu sehen. Einige aber waren ungehalten und verstimmt, und der Europäer blieb allein und ohne Zuspruch stehen.

Der Neger aber, begleitet vom Eskimo, vom Indianer und dem Maleien, kam gegen Abend zu dem Patriarchen und sprach also:

»Verehrter Vater, wir haben eine Frage an dich zu richten. Dieser weiße Bursche, der sich heut über uns lustig gemacht hat, gefällt uns nicht. Ich bitte dich, überlege dir: alle Menschen und Tiere, jeder Bär und jeder Floh, jeder Fasan und jeder Mistkäfer sowie wir Menschen, alle haben irgend etwas zu zeigen gehabt, womit wir Gott Ehre darbringen und unser Leben schützen, erhöhen oder verschönen. Wunderliche Gaben haben wir gesehen, und manche waren zum Lachen; aber jedes kleinste Vieh hatte doch irgend etwas Erfreuliches und Hübsches darzubringen – einzig und allein dieser bleiche Mann, den wir zuletzt auffischten, hat nichts zu geben als sonderbare und hochmütige Worte, Anspielungen und Scherze, welche niemand begreift und welche niemand Freude machen können. – Wir fragen dich daher, lieber Vater, ob es wohl richtig ist, daß ein solches Geschöpf mithelfe, ein neues Leben auf dieser lieben Erde zu begründen? Könnte das nicht ein Unheil geben? Sieh ihn doch nur an! Seine Augen sind trüb, seine Stirn ist voller Falten, seine Hände sind blaß und schwächlich, sein Gesicht blickt böse und traurig, kein heller Klang geht von ihm aus! Gewiß, es ist nicht richtig mit ihm – weiß Gott, wer uns diesen Burschen auf unsere Arche geschickt hat!«

Freundlich hob der greise Erzvater seine hellen Augen zu den Fragenden.

»Kinder«, sagte er leise und voll Güte, so daß ihre Mienen sofort lichter wurden, »liebe Kinder! Ihr habt recht, und habet auch unrecht mit dem, was ihr saget! Aber Gott hat schon seine Antwort darauf gegeben, noch ehe ihr gefragt habt. Ich muß euch zustimmen, der Mann aus dem Kriegslande ist kein sehr anmutiger Gast, und man sieht nicht recht ein, wozu solche Käuze da sein müssen. Aber Gott, der diese Art nun einmal geschaffen hat, weiß gewiß wohl, warum er es tat. Ihr alle habt diesen weißen Männern viel zu verzeihen, sie sind es, die unsere arme Erde wieder einmal bis zum Strafgericht verdorben haben. Aber sehet, Gott hat ein Zeichen dessen gegeben, was er mit dem weißen Manne im Sinne hat. Ihr alle, du Neger und du Eskimo, habet für das neue Erdenleben, das wir bald zu beginnen hoffen, eure lieben Weiber mit, du deine Negerin, du deine Indianerin, du dein Eskimoweib. Einzig der Mann aus Europa ist allein. Lange war ich traurig darüber, nun aber glaube ich, den Sinn davon zu ahnen. Dieser Mann bleibt uns aufbehalten als eine Mahnung und ein Antrieb, als ein Gespenst vielleicht. Fortpflanzen aber kann er sich nicht, es sei denn, er tauche wieder in den Strom der vielfarbigen Menschheit unter. Euer Leben auf der neuen Erde wird er nicht verderben dürfen. Seid getrost!«

Die Nacht brach ein, und am nächsten Morgen stand im Osten spitz und klein der Gipfel des heiligen Berges aus den Wassern. (1918)

Ein Maler namens Albert konnte in seinen jungen Jahren mit den Bildern, die er malte, den Erfolg und die Wirkung nicht erreichen, nach denen er begehrte. Er zog sich zurück und beschloß, sich selbst genug zu sein. Das versuchte er Jahre lang. Aber es zeigte sich mehr und mehr, daß er sich nicht selbst genug war. Er saß und malte an einem Heldenbild, und während dem Malen fiel ihm je und je wieder der Gedanke ein: »Ist es eigentlich nötig, das zu tun, was du tust? Müssen eigentlich diese Bilder wirklich gemalt sein? Wäre es nicht für dich und für jedermann ebensogut, wenn du bloß spazieren gehen oder Wein trinken würdest? Tust du eigentlich für dich selbst etwas anderes mit deinem Malen, als daß du dich ein wenig betäubst, ein wenig vergißt, dir die Zeit ein wenig vertreibst?«

Diese Gedanken waren der Arbeit nicht förderlich. Mit der Zeit hörte Alberts Malerei fast ganz auf. Er ging spazieren, er trank Wein, er las Bücher, er machte Reisen. Aber zufrieden war er auch bei diesen Dingen nicht.

Oft mußte er darüber nachdenken, mit welchen Wünschen und Hoffnungen er einst die Malerei begonnen hatte. Er erinnerte sich: sein Gefühl und Wunsch war gewesen, daß zwischen ihm und der Welt eine schöne, starke Beziehung und Strömung entstehe, daß zwischen ihm und der Welt etwas Starkes und Inniges beständig schwinge und leise musiziere. Mit seinen Helden und heroischen Landschaften hatte er sein Inneres ausdrücken und befriedigen wollen, damit es ihm von außen her, im Urteil und Dank der Betrachter seiner Bilder, wieder lebendig und dankbar entgegenkomme und strahle.

Ja, das hatte er also nicht gefunden. Das war ein Traum gewesen, und auch der Traum war so allmählich schwach und dünn geworden. Jetzt, wo Albert durch die Welt schweifte, oder an entlegenen Orten einsam hauste, auf Schiffen fuhr oder über Gebirgspässe wanderte, jetzt kam der Traum häufiger und häufiger wieder, anders als früher, aber ebenso schön, ebenso mächtig lockend, ebenso begehrend und strahlend in junger Wunschkraft.

O, wie sehnte er sich oft danach – Schwingung zu fühlen zwischen sich und allen Dingen der Welt! Zu fühlen, daß sein Atem und der Atem der Winde und Meere derselbe sei, daß Brüderschaft und Verwandtschaft, daß Liebe und Nähe, daß Klang und Harmonie zwischen ihm und allem sei!

Er begehrte nicht mehr Bilder zu malen, in denen er selbst und seine Sehnsucht dargestellt wären, welche ihm Verständnis und Liebe bringen, ihn erklären, rechtfertigen und rühmen sollten. Er dachte an keine Helden und Aufzüge mehr, die als Bild und Rauch sein eigenes Wesen ausdrücken und umschreiben sollten. Er begehrte nur nach dem Fühlen jener Schwingungen, jenes Kraftstromes, jener heimlichen Innigkeit, in der er selbst zu nichts werden und untergehen, sterben und wiedergeboren werden würde. Schon der neue Traum davon, schon die neue, erstarkte Sehnsucht danach machte das Leben erträglich, brachte etwas wie Sinn hinein, verklärte, erlöste.

Die Freunde Alberts, soweit er noch welche hatte, begriffen diese Phantasien nicht gut. Sie sahen bloß, daß dieser Mensch mehr und mehr in sich hinein lebte, daß er stiller und sonderbarer sprach und lächelte, daß er so viel fort war, und daß er keinen Teil an dem hatte, was anderen Leuten lieb und wichtig ist, nicht an Politik noch Handel, nicht an Schützenfest und Ball, nicht an klugen Gesprächen über die Kunst, und an nichts von dem, woran sie eine Freude fanden. Er war ein Sonderling und halber Narr geworden. Er lief durch eine graue kühle Winterluft und atmete hingegen die Farben und Gerüche dieser Lüfte, er lief einem kleinen Kinde nach, das Lala vor sich hin sang, er starrte stundenlang in ein grünes Wasser, auf ein Blumenbeet, oder er versank, wie ein Leser in sein Buch, in die Linien, die er in einem durchschnittenen Stückchen Holz, in einer Wurzel oder Rübe fand.

Es kümmerte sich niemand mehr um ihn. Er lebte damals in einer kleinen ausländischen Stadt, und dort ging er eines Morgens durch eine Allee, und sah von da zwischen den Stämmen auf einen kleinen trägen Fluß, auf ein steiles, gelbes, lehmiges Ufer, wo über Erdrutschen und mineralischer Kahlheit Gebüsch und Dorngekräut sich staubig verzweigten. Da klang etwas in ihm auf, er blieb stehen, er fühlte in seiner Seele ein altes Lied aus sagenhaften Zeiten wieder angestimmt. Lehmgelb und staubiges Grün, oder träger Fluß und jähe Ufersteile, irgendein Verhältnis der Farben oder Linien, irgendein Klang, eine Besonderheit in dem zufälligen Bilde war schön, war unglaublich schön, rührend und erschütternd, sprach zu ihm, war ihm verwandt. Und er fühlte Schwingung und innigste Beziehung zwischen Wald und Fluß, zwischen Fluß und ihm selbst, zwischen Himmel, Erde und Gewächs, alles schien einzig und allein da zu sein, um in dieser Stunde so vereinigt in seinem Auge und Herzen sich zu spiegeln, sich zu treffen und zu begrüßen. Sein Herz war der Ort, wo Fluß und Kraut, Baum und Luft zueinander kommen, einswerden, sich aneinander steigern und Liebesfeste feiern konnten.

Als dieses herrliche Erlebnis sich wenigemal wiederholt hatte, umgab den Maler ein herrliches Glücksgefühl, dicht und voll wie ein Abendgold oder ein Gartenduft. Er kostete es, es war süß und schwer, aber er konnte es nicht lange dabei aushalten, es war zu reich, es wurde in ihm zu Fülle und Spannung, zu Erregung und beinahe zu Angst und Wut. Es war stärker als er, es nahm ihn hin, riß ihn weg, er fürchtete, darin unterzusinken. Und das wollte er nicht. Er wollte leben, eine Ewigkeit leben! Nie, nie hatte er so innig zu leben gewünscht wie jetzt!

Wie nach einem Rausche fand er sich eines Tages still und allein in einer Kammer. Er hatte einen Kasten mit Farbe

vor sich stehen und ein Stückchen Karton ausgespannt – nach Jahren saß er nun wieder und malte.
Und dabei blieb es. Der Gedanke »Warum tue ich das?« kam nicht wieder. Er malte. Er tat nichts mehr als sehen und malen. Entweder ging er draußen an die Bilder der Welt verloren oder er saß in seiner Kammer und ließ die Fülle wieder abströmen. Bild um Bild dichtete er auf seine kleinen Kartons, einen Regenhimmel mit Weiden, eine Gartenmauer, eine Bank im Walde, eine Landstraße, auch Menschen und Tiere, und Dinge, die er nie gesehen hatte, vielleicht Helden oder Engel, die aber waren und lebten wie Mauer und Wald.
Als er wieder zu Menschen kam, wurde es bekannt, daß er wieder male. Man fand ihn ziemlich verrückt, aber man war neugierig, seine Bilder zu sehen. Er wollte sie niemand zeigen. Aber man ließ ihm keine Ruhe, man plagte ihn und zwang ihn. Da gab er einem Bekannten den Schlüssel zu seinem Zimmer, er selber aber reiste weg und wollte nicht dabei sein, wenn andere Leute seine Bilder ansahen.
Die Leute kamen, und es entstand ein großes Geschrei, man habe ein Mordsgenie von einem Maler entdeckt, einen Sonderling zwar, aber einen von Gottes Gnaden, und wie die Sprüche der Kenner und Redner alle heißen.
Der Maler Albert war inzwischen in einem Dorfe abgestiegen, hatte ein Zimmer bei Bauern gemietet und seine Farben und Pinsel ausgepackt. Wieder ging er beglückt durch Tal und Berge, und strahlte später in seine Bilder zurück, was er erlebt und gefühlt hatte.
Da erfuhr er durch eine Zeitung davon, daß alle Welt zu Hause seine Bilder angesehen habe. Im Wirtshause bei einem Glas Wein las er einen langen, schönen Artikel in der Zeitung der Hauptstadt. Sein Name stand dick gedruckt darüber, und überall troffen feiste Lobwörter aus den Spalten. Aber je weiter er las, desto seltsamer wurde ihm.
»Wie herrlich leuchtet in dem Bild mit der blauen Dame das

Gelb des Hintergrundes – eine neue, unerhört kühne, bezaubernde Harmonie!«

»Wunderbar ist auch die Plastik des Ausdrucks in dem Rosenstilleben. – Und gar die Reihe der Selbstbildnisse! Wir dürfen sie den besten Meisterwerken psychologischer Porträtkunst an die Seite stellen.«

Sonderbar, sonderbar! Er konnte sich nicht erinnern, je ein Rosenstilleben gemalt zu haben, noch eine blaue Dame, und nie hatte er seines Wissens ein Selbstporträt gemacht. Dagegen fand er weder das Lehmufer noch die Engel, weder den Regenhimmel noch die anderen ihm so lieben Bilder erwähnt.

Albert reiste in die Stadt zurück. Im Reisekleid ging er nach seiner Wohnung, die Leute gingen dort aus und ein. Ein Mann saß unter der Tür, und Albert mußte eine Karte lösen, um eintreten zu dürfen.

Da waren seine Bilder, wohlbekannt. Jemand aber hatte Zettel an sie gehängt, auf denen stand allerlei, wovon Albert nichts gewußt hatte. ›Selbstbildnis‹ stand auf manchen und andere Titel. Eine Weile stand er nachdenklich vor den Bildern und ihren unbekannten Namen. Er sah, man konnte diese Bilder auch ganz anders nennen, als er es getan hatte. Er sah, in der Gartenmauer hatte er etwas erzählt, was anderen eine Wolke schien, und die Klüfte seiner Steinlandschaft konnten für andere auch ein Menschengesicht bedeuten.

Schließlich lag nicht viel daran. Aber Albert zog es doch vor, still wieder fortzugehen und abzureisen und nicht mehr in diese Stadt zurückzukehren. Er malte noch viele Bilder und gab ihnen noch viele Namen, und war glücklich dabei; aber er zeigte sie niemandem. (1918)

Kaum hatte Piktor das Paradies betreten, so stand er vor einem Baume, der war zugleich Mann und Frau. Piktor grüßte den Baum mit Ehrfurcht und fragte: »Bist du der Baum des Lebens?« Als aber statt des Baumes die Schlange ihm Antwort geben wollte, wandte er sich ab und ging weiter. Er war ganz Auge, alles gefiel ihm so sehr. Deutlich spürte er, daß er in der Heimat und am Quell des Lebens sei.
Und wieder sah er einen Baum, der war zugleich Sonne und Mond.
Sprach Piktor: »Bist du der Baum des Lebens?«
Die Sonne nickte und lachte, der Mond nickte und lächelte.
Die wunderbarsten Blumen blickten ihn an, mit vielerlei Farben und Lichtern, mit vielerlei Augen und Gesichtern. Einige nickten und lachten, einige nickten und lächelten, andere nickten nicht und lächelten nicht: sie schwiegen trunken, in sich selbst versunken, im eigenen Dufte wie ertrunken. Eine sang das Lila-Lied, eine sang das dunkelblaue Schlummerlied. Eine von den Blumen hatte große blaue Augen, eine andre erinnerte ihn an seine erste Liebe. Eine roch nach dem Garten der Kindheit, wie die Stimme der Mutter klang ihr süßer Duft. Eine andere lachte ihn an und streckte ihm eine gebogene rote Zunge lang entgegen. Er leckte daran, es schmeckte stark und wild, nach Harz und Honig, und auch nach dem Kuß einer Frau.
Zwischen all den Blumen stand Piktor voll Sehnsucht und banger Freude. Sein Herz, als ob es eine Glocke wär, schlug schwer, schlug sehr; es brannte ins Unbekannte, ins zauberhaft Geahnte sehnlich sein Begehr.
Einen Vogel sah Piktor sitzen, sah ihn im Grase sitzen und von Farben blitzen, alle Farben schien der schöne Vogel zu besitzen. Den schönen bunten Vogel fragte er: »O Vogel, wo ist denn das Glück?«

»Das Glück?« sprach der schöne Vogel und lachte mit seinem goldenen Schnabel, »das Glück, o Freund, ist überall, in Berg und Tal, in Blume und Kristall.«

Mit diesen Worten schüttelte der frohe Vogel sein Gefieder, ruckte mit dem Hals, wippte mit dem Schwanz, zwinkerte mit dem Auge, lachte noch einmal, dann blieb er regungslos sitzen, saß still im Gras, und siehe: der Vogel war jetzt zu einer bunten Blume geworden, die Federn Blätter, die Krallen Wurzeln. Im Farbenglanze, mitten im Tanze, ward er zur Pflanze. Verwundert sah es Piktor.

Und gleich darauf bewegte die Vogelblume ihre Blätter und Staubfäden, hatte das Blumentum schon wieder satt, hatte keine Wurzeln mehr, rührte sich leicht, schwebte langsam empor, und war ein glänzender Schmetterling geworden, der wiegte sich schwebend, ohne Gewicht, ganz Licht, ganz leuchtendes Gesicht. Piktor machte große Augen.

Der neue Falter aber, der frohe bunte Vogelblumenschmetterling, das lichte Farbengesicht flog im Kreise um den erstaunten Piktor, glitzerte in der Sonne, ließ sich sanft wie eine Flocke zur Erde nieder, blieb dicht vor Piktors Füßen sitzen, atmete zart, zitterte ein wenig mit den glänzenden Flügeln, und war alsbald in einen farbigen Kristall verwandelt, aus dessen Kanten ein rotes Licht strahlte. Wunderbar leuchtete aus dem grünen Gras und Gekräute, hell wie Festgeläute, der rote Edelstein. Aber seine Heimat, das Innere der Erde, schien ihn zu rufen; schnell ward er kleiner und drohte zu versinken.

Da griff Piktor, von übermächtigem Verlangen getrieben, nach dem schwindenden Steine und nahm ihn an sich. Mit Entzücken blickte er in sein magisches Licht, das ihm Ahnung aller Seligkeit ins Herz zu strahlen schien.

Plötzlich am Ast eines abgestorbenen Baumes ringelte sich die Schlange und zischte ihm ins Ohr: »Der Stein verwandelt dich in was du willst. Schnell sage ihm deinen Wunsch, eh es zu spät ist!«

Piktor erschrak und fürchtete sein Glück zu versäumen. Rasch sagte er das Wort und verwandelte sich in einen Baum. Denn ein Baum zu sein hatte er schon manchmal gewünscht, weil die Bäume ihm so voll Ruhe, Kraft und Würde zu sein schienen.

Piktor wurde ein Baum. Er wuchs mit Wurzeln in die Erde ein, er reckte sich in die Höhe, Blätter trieben und Zweige aus seinen Gliedern. Er war damit sehr zufrieden. Er sog mit durstigen Fasern tief in der kühlen Erde, und wehte mit seinen Blättern hoch im Blauen. Käfer wohnten in seiner Rinde, zu seinen Füßen wohnten Hase und Igel, in seinen Zweigen die Vögel.

Der Baum Piktor war glücklich und zählte die Jahre nicht, welche vergingen. Sehr viele Jahre gingen hin, ehe er merkte, daß sein Glück nicht vollkommen sei. Langsam nur lernte er mit den Baum-Augen sehen. Endlich war er sehend, und wurde traurig.

Er sah nämlich, daß rings um ihn her im Paradiese die meisten Wesen sich sehr häufig verwandelten, ja daß alles in einem Zauberstrome ewiger Verwandlung floß. Er sah Blumen zu Edelsteinen werden, oder als blitzende Schwirrvögel dahinfliegen. Er sah neben sich manchen Baum plötzlich verschwinden: der eine war zur Quelle zerronnen, der andre zum Krokodil geworden, ein andrer schwamm froh und kühl, voll Lustgefühl, mit muntern Sinnen als Fisch von hinnen, in neuen Formen neue Spiele zu beginnen. Elefanten tauschten ihr Kleid mit Felsen, Giraffen ihre Gestalt mit Blumen.

Er selbst aber, der Baum Piktor, blieb immer derselbe, er konnte sich nicht mehr verwandeln. Seit er dies erkannt hatte, schwand sein Glück dahin; er fing an zu altern und nahm immer mehr jene müde, ernste und bekümmerte Haltung an, die man bei vielen alten Bäumen beobachten kann. Auch bei Pferden, bei Vögeln, bei Menschen und allen Wesen kann man es ja täglich sehen: Wenn sie nicht die Gabe der Verwandlung besitzen, verfallen sie mit der Zeit in Traurigkeit und Verkümmerung, und ihre Schönheit geht verloren.

Eines Tages nun verlief sich ein junges Mädchen in jene Gegend des Paradieses, im blonden Haar, im blauen Kleid. Singend und tanzend lief die Blonde unter den Bäumen hin, und hatte bisher noch nie daran gedacht, sich die Gabe der Verwandlung zu wünschen.

Mancher kluge Affe lächelte hinter ihr her, mancher Strauch streifte sie zärtlich mit einer Ranke, mancher Baum warf ihr eine Blüte, eine Nuß, einen Apfel nach, ohne daß sie darauf achtete.

Als der Baum Piktor das Mädchen erblickte, ergriff ihn eine große Sehnsucht, ein Verlangen nach Glück, wie er es noch nie gefühlt hatte. Und zugleich nahm ein tiefes Nachsinnen ihn gefangen, denn ihm war, als riefe sein eigenes Blut ihm zu: »Besinne dich! Erinnere dich in dieser Stunde deines ganzen Lebens, finde den Sinn, sonst ist es zu spät, und es kann nie mehr ein Glück zu dir kommen.« Und er gehorchte. Er entsann sich all seiner Herkunft, seiner Menschenjahre, seines Zuges nach dem Paradiese, und ganz besonders jenes Augenblicks, ehe er ein Baum geworden war, jenes wunderbaren Augenblicks, da er den Zauberstein in Händen gehalten hatte. Damals, da jede Verwandlung ihm offen stand, hatte das Leben in ihm geglüht wie niemals! Er gedachte des Vogels, welcher damals gelacht hatte, und des Baumes mit der Sonne und dem Monde; es ergriff ihn die Ahnung, daß er damals etwas versäumt, etwas vergessen habe und daß der Rat der Schlange nicht gut gewesen sei.

Das Mädchen hörte in den Blättern des Baumes Piktor ein Rauschen, es blickte zu ihm empor und empfand, mit plötzlichem Weh im Herzen, neue Gedanken, neues Verlangen, neue Träume sich im Innern regen. Von der unbekannten Kraft gezogen, setzte sie sich unter den Baum. Einsam schien er ihr zu sein, einsam und traurig, und dabei schön, rührend und edel in seiner stummen Traurigkeit; betörend klang ihr das Lied seiner leise rauschenden Krone. Sie lehnte sich an den rauhen Stamm, fühlte den Baum tief erschauern, fühlte denselben Schauer im eigenen Herzen. Seltsam weh tat ihr das Herz, über den Himmel ihrer Seele liefen Wolken hin, langsam sanken aus ihren Augen die schweren Tränen. Was war doch dies? Warum mußte man so leiden? Warum begehrte das Herz die Brust zu sprengen und hinüber zu schmelzen zu Ihm, in Ihn, den schönen Einsamen?

Der Baum zitterte leise bis in die Wurzeln, so heftig zog er alle Lebenskraft in sich zusammen, dem Mädchen entgegen, in dem glühenden Wunsch nach Vereinigung. Ach, daß er von der Schlange überlistet, sich für immer allein in einen Baum fest gebannt hatte! O wie blind, o wie töricht war er gewesen! Hatte er denn so gar nichts gewußt, war er dem Geheimnis des Lebens so fremd gewesen? Nein, wohl hatte er es damals dunkel gefühlt und geahnt – ach, und mit Trauer und tiefem Verstehen dachte er jetzt des Baumes, der aus Mann und Weib bestand!

Ein Vogel kam geflogen, ein Vogel rot und grün, ein Vogel schön und kühn kam geflogen, im Bogen kam er gezogen. Das Mädchen sah ihn fliegen, sah aus seinem Schnabel etwas niederfallen, das leuchtete rot wie Blut, rot wie Glut, es fiel ins grüne Kraut und leuchtete im grünen Kraut so tief vertraut, sein rotes Leuchten warb so laut, daß das Mädchen sich niederbückte und das Rote aufhob. Da war es ein Kristall, war ein Karfunkelstein, und wo der ist, kann es nicht dunkel sein.

Kaum hielt das Mädchen den Zauberstein in seiner weißen Hand, da ging alsbald der Wunsch in Erfüllung, von dem sein Herz so voll war. Die Schöne wurde entrückt, sie sank dahin und wurde eins mit dem Baume, trieb als ein starker junger Ast aus seinem Stamm, wuchs rasch zu ihm empor.

Nun war alles gut, die Welt war in Ordnung, nun erst war das Paradies gefunden. Piktor war kein alter bekümmerter Baum mehr, jetzt sang er laut Piktoria, Viktoria.

Er war verwandelt. Und weil er dieses Mal die richtige, die ewige Verwandlung erreicht hatte, weil er aus einem Halben ein Ganzes geworden war, konnte er sich von Stund an weiter verwandeln, so viel er wollte. Ständig floß der Zauberstrom des Werdens durch sein Blut, ewig hatte er Teil an der allstündlich erstehenden Schöpfung.

Er wurde Reh, er wurde Fisch, er wurde Mensch und Schlange, Wolke und Vogel. In jeder Gestalt aber war er ganz, war ein Paar, hatte Mond und Sonne, hatte Mann und Weib in sich, floß als Zwillingsfluß durch die Länder, stand als Doppelstern am Himmel. (1922)

Nicht häufig sind in der alten chinesischen Geschichte die Beispiele von Regenten und Staatsmännern, welche ihren Untergang dadurch fanden, daß sie unter den Einfluß eines Weibes und einer Verliebtheit gerieten. Eins dieser seltenen Beispiele, ein sehr merkwürdiges, ist das des Königs Yu von Dschou und seiner Frau Bau Si.

Das Land Dschou stieß im Westen an die Länder der mongolischen Barbaren, und seine Residenz Fong lag mitten in einem unsichern Gebiet, das von Zeit zu Zeit den Überfällen und Raubzügen jener Barbarenstämme ausgesetzt war. Darum mußte daran gedacht werden, den Grenzschutz möglichst zu verstärken und namentlich die Residenz besser zu schützen.

Von König Yu nun, der kein schlechter Staatsmann war und auf gute Ratgeber zu hören wußte, berichten uns die Geschichtsbücher, daß er es verstand, durch sinnreiche Einrichtungen die Nachteile seiner Grenze auszugleichen, daß aber alle diese sinnreichen und bewundernswerten Einrichtungen durch die Launen einer hübschen Frau wieder zunichte gemacht wurden.

Der König nämlich richtete mit Hilfe aller seiner Lehnsfürsten an der Westgrenze einen Grenzschutz ein, und dieser Grenzschutz hatte gleich allen politischen Gebilden eine doppelte Gestalt: eine moralische nämlich und eine mechanische. Die moralische Grundlage des Übereinkommens war der Schwur und die Zuverlässigkeit der Fürsten und ihrer Beamten, deren jeder sich verpflichtete, sofort auf den ersten Notruf hin mit seinen Soldaten der Residenz und dem König zu Hilfe zu eilen. Die Mechanik aber, deren der König sich bediente, bestand in einem wohl ausgedachten System von Türmen, die er an seiner Westgrenze bauen ließ. Auf jedem dieser Türme sollte Tag und Nacht Wachdienst getan werden, und die Türme waren mit sehr starken Trommeln ausgerüstet. Geschah nun an irgendeiner Stelle der Grenze ein feindlicher Einbruch, so schlug der nächste Turm seine Trommel, und von Turm zu Turm flog das Trommelzeichen in kürzester Zeit durch das ganze Land.

Lange Zeit war König Yu mit dieser klugen und verdienstvollen Einrichtung beschäftigt, hatte Unterredungen mit seinen Fürsten, hörte die Berichte der Baumeister, ordnete das Einexerzieren des Wachdienstes an. Nun hatte er aber eine Lieblingsfrau mit Namen Bau Si, eine schöne Frau, die es verstand, sich mehr Einfluß auf Herz und Sinn des Königs zu verschaffen, als für einen Herrscher und sein Reich gut ist. Bau Si verfolgte gleich ihrem Herrn die Arbeiten an der Grenze mit großer Neugier und Teilnahme, so wie zuweilen ein lebhaftes und kluges Mädchen den Spielen der Knaben mit Bewunderung und Eifer zusieht. Einer der Baumeister hatte ihr, um die Sache recht anschaulich zu machen, von dem Grenzschutz ein zierliches Modell aus Ton verfertigt, bemalt und gebrannt; da war die Grenze dargestellt und das System von Türmen, und in jedem der kleinen zierlichen Tontürme stand ein unendlich kleiner tönerner Wächter, und statt der Trommel war ein kleinwinziges Glöckchen eingehängt. Dieses hübsche Spielzeug machte der Königsfrau unendliches Vergnügen, und wenn sie zuweilen schlechter Laune war, so schlugen ihre Dienerinnen ihr meistens vor, »Barbarenüberfall« zu spielen. Dann stellten sie alle die Türmchen auf, zogen an den Zwergglöckchen und wurden dabei sehr vergnügt und ausgelassen.

Es war ein großer Tag in des Königs Leben, als endlich die Bauten fertig, die Trommeln aufgestellt und ihre Bediener eingedrillt waren und als nun nach vorheriger Verabredung an einem glückbringenden Kalendertag der neue Grenzschutz auf die Probe gestellt wurde. Der König, stolz auf seine Taten, war voll Spannung; die Hofbeamten standen zum Glückwunsch bereit, am meisten von allen aber war die schöne Frau Bau Si in Erwartung und Aufregung und konnte es kaum erwarten, bis alle vorbereitenden Zeremonien und Anrufungen vollendet waren.

Endlich war es soweit, und es sollte zum erstenmal im großen und wirklichen jenes Turm- und Trommelspiel gespielt werden, das der Königsfrau so oft Vergnügen bereitet hatte. Kaum konnte sie sich zurückhalten, selbst in das Spiel einzugreifen und Befehle zu geben, so groß war ihre freudige Erregung. Mit ernstem Gesicht gab ihr der König einen Wink, und sie beherrschte sich. Die Stunde war gekommen; es sollte nun im großen und mit wirklichen Türmen, mit wirklichen Trommeln und Menschen »Barbarenüberfall« gespielt werden, um zu sehen, wie alles sich bewähre. Der König gab das Zeichen, der erste Hofbeamte übergab den Befehl dem Hauptmann der Reiterei, der Hauptmann ritt vor den ersten Wachtturm und gab Befehl, die Trommel zu rühren. Gewaltig dröhnte der tiefe Trommelton, feierlich und tief beklemmend rührte der Klang an jedes Ohr. Bau Si war vor Erregung bleich geworden und fing zu zittern an. Gewaltig sang die große Kriegstrommel ihren rauhen Erdbebengesang, einen Gesang voll Mahnung und Drohung, voll von Zukünftigem, von Krieg und Not, von Angst und Untergang. Alle hörten ihn mit Ehrfurcht. Nun begann er zu verklingen, da hörte man vom nächsten Turm die Antwort, fern und schwach und rasch ersterbend, und dann hörte man nichts mehr, und nach einer kleinen Weile nahm das feierliche Schweigen ein Ende, man sprach wieder, man ging auf und ab und begann sich zu unterhalten.

Unterdessen lief der tiefe, drohende Trommelklang vom zweiten zum dritten und zehnten und dreißigsten Turm, und wo er hörbar wurde, mußte nach strengem Befehl jeder Soldat alsbald bewaffnet und mit gefülltem Brotbeutel am Treffpunkt antreten, mußte jeder Hauptmann und Oberst, ohne einen Augenblick zu verlieren, den Abmarsch rüsten und aufs äußerste beschleunigen, mußte gewisse vorbestimmte Befehle ins Innere des Landes senden. Überall wo der Trommelklang gehört worden war, wurde Arbeit und Mahlzeit, Spiel und Schlaf unterbrochen, wurde gepackt, wurde gesattelt, gesammelt, marschiert und geritten. In kürzester Frist waren aus allen Nachbarbezirken eilige Truppen unterwegs zur Residenz Fong.

In Fong, inmitten des Hofes, hatte die Ergriffenheit und Spannung, welche beim Ertönen der furchtbaren Trommel sich jedes Gemüts bemächtigt hatte, bald wieder nachgelassen. Angeregt und plaudernd bewegte man sich in den Gärten der Residenz, die ganze Stadt hatte Feiertag, und als nach weniger als drei Stunden schon von zwei Seiten her kleine und größere Kavalkaden sich näherten, und dann von Stunde zu Stunde neue eintrafen, was den ganzen Tag und die beiden folgenden Tage andauerte, ergriff den König, die Beamten und Offiziere eine immer wachsende Begeisterung. Der König wurde mit Ehrungen und Glückwünschen überhäuft, die Baumeister bekamen ein Gastmahl, und der Trommler vom Turm 1, der den ersten Trommelschlag getan hatte, wurde vom Volk bekränzt, in den Straßen umhergeführt und von jedermann beschenkt.

Völlig hingerissen und wie berauscht aber war jene Frau des Königs, Bau Si. Herrlicher als sie es sich je hatte vorzustellen vermögen, war ihr Türmchen- und Glöckchenspiel Wirklichkeit geworden. Magisch war der Befehl, gehüllt in die weite Tonwelle des Trommelklangs, in das leere Land hinein entschwunden; und lebendig, lebensgroß, ungeheuer kam seine Wirkung aus den Fernen zurückgeströmt, aus dem herzbeklemmenden Geheul jener Trommel war ein Heer geworden, ein Heer von wohlbewaffneten Hunderten und Tausenden, die in stetigem Strom, in stetiger eiliger Bewegung vom Horizont her geritten und marschiert kamen: Bogenschützen, leichte und schwere Reiter, Lanzenträger erfüllten mit zunehmendem Getümmel allmählich allen Raum rund um die Stadt herum, wo sie empfangen und an ihre Standorte gewiesen, wo sie begrüßt und bewirtet wurden, wo sie sich lagerten, Zelte aufschlugen und Feuer entzündeten. Tag und Nacht dauerte es an, wie ein Märchenspuk kamen sie aus dem grauen Erdboden heraus, fern, winzig, in Staubwölkchen gehüllt, um zuletzt hier, dicht vor den Augen des Hofes und der entzückten Bau Si, in überwältigender Wirklichkeit aufgereiht zu stehen.

König Yu war sehr zufrieden, und besonders zufrieden war er mit dem Entzücken seiner Lieblingsfrau; sie strahlte vor Glück wie eine Blume und war ihm noch niemals so schön erschienen. Feste haben keine Dauer. Auch dies große Fest verklang und wich dem Alltag: keine Wunder geschahen mehr, keine Märchenträume wurden erfüllt. Müßigen und launischen Menschen scheint dies unerträglich. Bau Si verlor einige Wochen nach dem Fest alle ihre gute Laune wieder. Das kleine Spiel mit den tönernen Türmchen und den an Bindfäden gezogenen Glöcklein war so fad geworden, seit sie das große Spiel gekostet hatte. O wie berauschend war das gewesen! Und da lag nun alles bereit, das beseligende Spiel zu wiederholen: da standen die Türme und hingen die Trommeln, da zogen die Soldaten auf Wache und saßen die Trommler in ihren Uniformen, alles wartend, alles auf den großen Befehl gespannt, und alles tot und unnütz, solange der Befehl nicht kam!

Bau Si verlor ihr Lachen, sie verlor ihre strahlende Laune; mißmutig sah der König sich seiner liebsten Gespielin, seines Abendtrostes beraubt. Er mußte seine Geschenke aufs höchste steigern, um nur ein Lächeln bei ihr erreichen zu können. Es wäre nun der Augenblick für ihn gewesen, die Lage zu erkennen und die kleine süße Zärtlichkeit seiner Pflicht zu opfern. Yu aber war schwach. Daß Bau Si wieder lache, schien ihm wichtiger als alles andre.

So erlag er ihrer Versuchung, langsam und unter Widerstand, aber er erlag. Bau Si brachte ihn so weit, daß er seiner Pflicht vergaß. Tausendmal wiederholten Bitten erliegend, erfüllte er ihr den einzigen großen Wunsch ihres Herzens: er

willigte ein, der Grenzwache das Signal zu geben, als sei der Feind in Sicht. Alsbald erklang die tiefe, erregende Stimme der Kriegstrommel. Furchtbar schien sie diesmal dem König zu tönen, und auch Bau Si erschrak bei dem Klang. Dann aber wiederholte sich das ganze entzückende Spiel: es tauchten am Rand der Welt die kleinen Staubwolken auf, es kamen die Truppen geritten und marschiert, drei Tage lang, es verneigten sich die Feldherrn, es schlugen die Soldaten ihre Zelte auf. Bau Si war selig, ihr Lachen strahlte. König Yu aber hatte schwere Stunden. Er mußte bekennen, daß kein Feind ihn überfallen habe, daß alles ruhig sei. Er suchte zwar den falschen Alarm zu rechtfertigen, indem er ihn als eine heilsame Übung erklärte. Es wurde ihm nicht widersprochen, man verbeugte sich und nahm es hin. Aber es sprach sich unter den Offizieren herum, man sei auf einen treulosen Streich des Königs hereingefallen, nur seiner Buhlfrau zuliebe habe er die ganze Grenze alarmiert und sie alle in Bewegung gesetzt, alle die Tausende. Und die meisten der Offiziere wurden unter sich einig, einem solchen Befehl künftig nicht mehr zu folgen. Inzwischen gab der König sich Mühe, den verstimmten Truppen durch reichliche Bewirtung die Laune zu heilen. So hatte Bau Si ihr Ziel erreicht.
Noch ehe sie aber von neuem in Launen verfallen und das gewissenlose Spiel abermals erneuern konnte, traf ihn und sie die Strafe. Die Barbaren im Westen, vielleicht zufällig, vielleicht auch weil eine Kunde von jener Geschichte zu ihnen gedrungen war, kamen eines Tages plötzlich in großen Schwärmen über die Grenze geritten. Unverzüglich gaben die Türme ihr Zeichen, dringlich mahnte der tiefe Trommelklang und lief bis zur fernsten Grenze. Aber das vortreffliche Spielzeug, dessen Mechanik so sehr zu bewundern war, schien jetzt zerbrochen zu sein – wohl tönten die Trommeln, nichts aber tönte diesmal in den Herzen der Soldaten und Offiziere des Landes. Sie folgten der Trommel nicht, und vergebens spähte der König mit Bau Si nach allen Seiten;

nirgends erhoben sich Staubwolken, nirgendher kamen die kleinen grauen Züge gekrochen, niemand kam ihm zu Hilfe.
Mit den wenigen Truppen, welche gerade vorhanden waren, eilte der König den Barbaren entgegen. Aber diese waren in großer Zahl; sie schlugen die Truppen, sie nahmen die Residenz Fong ein, sie zerstörten den Palast, zerstörten die Türme. König Yu verlor sein Reich und sein Leben, und nicht anders erging es seiner Lieblingsfrau Bau Si, von deren verderblichen Lachen noch heute die Geschichtsbücher erzählen.
Fong wurde zerstört, das Spiel war Ernst geworden. Es gab kein Trommelspiel mehr, und keinen König Yu, und keine lachende Frau Bau Si. Yus Nachfolger, König Ping, fand keinen andern Ausweg, als daß er Fong aufgab und die Residenz weit nach Osten verlegte; er mußte die künftige Sicherheit seiner Herrschaft durch Bündnisse mit Nachbarfürsten und durch Abtretung großer Landstrecken an diese erkaufen. (1929)

Vogel

Vogel lebte in früheren Zeiten in der Gegend des Montagsdorfes. Er war weder besonders bunt noch sang er besonders schön noch war er etwa groß und stattlich; nein, die ihn noch gesehen haben, nennen ihn klein, ja winzig. Er war auch nicht eigentlich schön, eher war er sonderbar und fremdartig, er hatte eben das Sonderbare und Großartige an sich, was alle jene Tiere und Wesen an sich haben, welche keiner Gattung noch Art angehören. Er war nicht Habicht noch Huhn, er war nicht Meise noch Specht noch Fink, er war der Vogel vom Montagsdorf, es gab nirgends seinesgleichen, es gab ihn nur dieses eine Mal, und man wußte von ihm seit Urzeiten und Menschengedenken, und wenn auch nur die Leute der eigentlichen Montagsdörfer Gegend ihn wirklich kannten, so wußte doch auch weithin die Nachbarschaft von ihm, und die Montagsdörfler wurden, wie jeder, der etwas ganz Besonderes zu eigen hat, manchmal auch mit ihm gehänselt. »Die Leute vom Montagsdorf«, hieß es, »haben eben ihren Vogel.« Über Careno bis nach Morbio und weiter wußte man von ihm und erzählte Geschichten von ihm. Aber wie das oft so geht: erst in neuerer Zeit, ja eigentlich erst seit er nicht mehr da ist, hat man versucht, ganz genaue und zuverlässige Auskünfte über ihn zu bekommen, viele Fremde fragten nach ihm, und schon mancher Montagsdörfler hat sich von ihnen mit Wein bewirten und ausfragen lassen, bis er endlich gestand, daß er selber den Vogel nie gesehen habe. Aber hatte auch nicht jeder mehr ihn gesehen, so hatte doch jeder mindestens noch einen gekannt, der Vogel einmal oder öfter gesehen und von ihm erzählt hatte. Das alles wurde nun ausgeforscht und aufgeschrieben, und es war sonderbar, wie verschieden alle die Berichte und Beschreibungen lauteten, sowohl über Aussehen, Stimme und Flug des Vogels wie über seine Gewohnheiten und über die Art seines Umgangs mit den Menschen.

In früheren Zeiten soll man Vogel viel öfter gesehen haben, und wem er begegnete, der hatte immer eine Freude, es war jedesmal ein Erlebnis, ein Glücksfall, ein kleines Abenteuer, so wie es ja auch für Freunde der Natur schon ein kleines Erlebnis und Glück ist, wenn sie je und je einen Fuchs oder Kuckuck zu Gesicht bekommen und beobachten können. Es ist dann, wie wenn für Augenblicke entweder die Kreatur ihre Angst vor dem mörderischen Menschen verloren hätte, oder wie wenn der Mensch selbst wieder in die Unschuld eines vormenschlichen Lebens einbezogen wäre. Es gab Leute, welche wenig auf Vogel achteten, wie es auch Leute gibt, die sich aus dem Fund einer ersten Enziane und aus der Begegnung mit einer alten klugen Schlange wenig machen, andre aber liebten ihn sehr, und jedem war es eine Freude und Auszeichnung, wenn er ihm begegnete. Gelegentlich, wenn auch selten, hörte man die Meinung aussprechen, er sei vielleicht eher schädlich oder doch unheimlich: wer ihn erblickt habe, der sei eine Zeitlang so aufgeregt und träume nachts viel und unruhig, und spüre etwas wie Unbehagen oder Heimweh im Gemüt. Andre stellten das durchaus in Abrede und sagten, es gebe kein köstlicheres und edleres Gefühl als jenes, das Vogel nach jeder Begegnung hinterlasse, es sei einem dann ums Herz wie nach dem Sakrament oder wie nach dem Anhören eines schönen Liedes, man denke an alles Schöne und Vorbildliche und nehme sich im Innern vor, ein anderer und besserer Mensch zu werden.

Ein Mann namens Schalaster, ein Vetter des bekannten Sehuster, der manche Jahre Bürgermeister des Montagsdorfes war, kümmerte sich zeitlebens besonders viel um Vogel. Jedes Jahr, erzählte er, sei er ihm ein oder zwei oder auch mehrere Male begegnet, und es sei ihm dann jedesmal tagelang sonderbar zumute gewesen, nicht eigentlich fröhlich, aber eigentümlich bewegt und erwartungs- oder ahnungsvoll, das Herz schlage an solchen Tagen anders als sonst, beinahe tue es ein klein wenig weh, auf jeden Fall spüre man es in der Brust,

während man ja sonst kaum wisse, daß man ein Herz habe. Überhaupt, meinte Schalaster gelegentlich, wenn er darauf zu sprechen kam, es sei eben doch keine Kleinigkeit, diesen Vogel in der Gegend zu haben, man dürfe wohl stolz auf ihn sein, er sei eine große Seltenheit, und man sollte meinen: ein Mensch, dem sich dieser geheimnisvolle Vogel öfter als anderen zeige, der habe wohl etwas Besonderes und Höheres in sich.
(Über Schalaster sei für Leser der höher gebildeten Stände bemerkt: er war der Kronzeuge und die viel zitierte Hauptquelle jener eschatologischen Deutung des Vogel-Phänomens, welche inzwischen schon wieder in Vergessenheit geraten ist; außerdem war Schalaster nach dem Verschwinden Vogels der Wortführer jener kleinen Partei im Montagsdorfe, welche unbedingt daran glaubte, daß Vogel noch am Leben sei und sich wieder zeigen werde.)
»Als ich ihn das erstemal gesehen habe«, berichtete Schalaster, »war ich ein kleiner Knabe und ging noch nicht in die Schule. Hinter unserem Haus im Obstgarten war gerade das Gras geschnitten, und ich stand bei einem Kirschenbaum, der einen niederen Ast bis zu mir herunterhangen hatte, und sah mir die harten grünen Kirschen an, da flog Vogel aus dem Baum herunter, und ich merkte gleich, daß er anders sei als die Vögel, die ich sonst gesehen hatte, und er setzte sich in die Grasstoppeln und hüpfte da herum; ich lief ihm neugierig und bewundernd durch den ganzen Garten nach, er sah mich öfters aus seinen Glanzaugen an und hüpfte wieder weiter, es war, wie wenn einer für sich allein tanzt und singt, ich merkte ganz gut, daß er mich damit locken und mir eine Freude machen wolle. Am Hals hatte er etwas Weißes. Er tanzte auf dem Grasplan hin bis zum hinteren Zaun, wo die Brennesseln stehen, über die schwang er sich weg und setzte sich auf einen Zaunpfahl, zwitscherte und sah mich noch einmal sehr freundlich an, dann war er so plötzlich und unversehens verschwunden, daß ich ganz erschrak. Auch später habe ich das oft bemerkt: kein andres Tier vermag so blitz-

schnell und immer im Augenblick, wo man nicht darauf gefaßt ist, zu erscheinen und wieder zu verschwinden wie Vogel. Ich lief hinein und zur Mutter und erzählte ihr, was mir geschehen war, da sagte sie gleich, das sei der Vogel ohne Namen, und es sei gut, daß ich ihn gesehen habe, es bringe Glück.«

Schalaster beschreibt, hierin von manchen anderen Schilderungen etwas abweichend, Vogel als klein, kaum größer als ein Zaunkönig, und das winzigste an ihm sei sein Kopf, ein wunderlich kleines kluges und bewegliches Köpfchen, er sehe unscheinbar aus, man kenne ihn aber sofort an seinem graublonden Schopf und daran, daß er einen anschaue, das täten andere Vögel nie. Der Schopf sei, wenn auch weit kleiner, dem eines Hähers ähnlich und wippe oft lebhaft auf und ab, überhaupt sei Vogel sehr beweglich, im Flug wie auch zu Fuße, seine Bewegungen seien geschmeidig und ausdrucksvoll; es scheine immer, als habe er mit den Augen, dem Kopfnicken, dem Schopfrücken, mit Gang und Flug etwas mitzuteilen, einen an etwas zu erinnern, er erscheine immer wie im Auftrag, wie ein Bote, und so oft man ihn gesehen habe, müsse man eine Zeitlang an ihn denken und über ihn nachsinnen, was er wohl gewollt habe und bedeute. Auskundschaften und belauern lasse er sich nicht gern, nie wisse man, woher er komme, immer sei er ganz plötzlich da, sitze in der Nähe und tue, als sei er da immer gesessen, und dann habe er diesen freundlichen Blick. Man wisse doch, daß die Vögel sonst harte, scheue und glasige Augen haben und einen nicht anschauen, er aber blicke ganz heiter und gewissermaßen wohlwollend.

Von alters her gab es über Vogel auch verschiedene Gerüchte und Sagen. Heute hört man ja seltener von ihm sprechen, die Menschen haben sich verändert und das Leben ist härter geworden, die jungen Leute gehen fast alle zur Arbeit in die Stadt, die Familien sitzen nicht mehr die Sommerabende auf der Türstaffel und die Winterabende am Herdfeuer beisam-

men, man hat zu nichts mehr Zeit, kaum kennt so ein junger Mensch von heute noch ein paar Waldblumen oder einen Schmetterling mit Namen. Dennoch hört man auch heute noch gelegentlich eine alte Frau oder einen Großvater den Kindern Vogelgeschichten erzählen. Eine von diesen Vogelsagen, vielleicht die älteste, berichtet: Vogel vom Montagsdorf sei so alt wie die Welt, er sei einstmals dabeigewesen, als Abel von seinem Bruder Kain erschlagen wurde, und habe einen Tropfen von Abels Blut getrunken, dann sei er mit der Botschaft von Abels Tod davongeflogen und teile sie heute noch den Leuten mit, damit man die Geschichte nicht vergesse und sich von ihr mahnen lasse, das Menschenleben heiligzuhalten und brüderlich miteinander zu leben. Diese Abelsage ist auch schon in alten Zeiten aufgezeichnet worden, und es gibt Lieder über sie, aber die Gelehrten sagen, die Sage vom Abelvogel sei zwar uralt, sie werde in vielen Ländern und Sprachen erzählt, aber auf den Vogel vom Montagsdorf sei sie wohl nur irrtümlich übertragen worden. Sie geben zu bedenken, daß es doch ungereimt wäre, wenn der vieltausendjährige Abelvogel sich später in dieser einzigen Gegend niedergelassen und nirgends sonst sich mehr gezeigt hätte.
Wir könnten nun zwar unsrerseits »zu bedenken geben«, daß es in den Sagen nicht immer so vernünftig zuzugehen braucht wie an Akademien, und könnten fragen, ob es nicht gerade die Gelehrten sind, durch welche in die Frage nach Vogel soviel Ungewißheit und Widersprüche hineingekommen sind; denn früher ist, soweit wir wissen, über Vogel und seine Sagen niemals Streit entstanden, und wenn einer über Vogel anderes erzählte als sein Nachbar, so nahm man das gelassen hin, und es diente sogar Vogel zur Ehre, daß die Menschen über ihn so verschieden denken und erzählen konnten. Man könnte noch weitergehen und gegen die Gelehrten den Vorwurf erheben, sie hätten nicht nur die Ausrottung Vogels auf dem Gewissen, sondern seien durch ihre Untersuchungen jetzt auch noch bestrebt, die Erinnerung an

ihn und die Sagen von ihm in Nichts aufzulösen, wie ja denn das Auflösen, bis nichts übrigbleibe, zu den Beschäftigungen der Gelehrten zu gehören scheine. Allein wer von uns hätte den traurigen Mut, die Gelehrten so gröblich anzugreifen, denen doch die Wissenschaft so manches, wenn nicht alles verdankt?

Nein, kehren wir zu den Sagen zurück, welche früher über Vogel erzählt wurden und von welchen auch heute noch Reste beim Landvolk zu finden sind. Die meisten von ihnen erklären Vogel für ein verzaubertes, verwandeltes oder verwünschtes Wesen. Auf den Einfluß der Morgenlandfahrer, in deren Geschichte die Gegend zwischen Montagsdorf und Morbio eine gewisse Rolle spielt und deren Spuren man dort allerorten antrifft, mag die Sage zurückzuführen sein, Vogel sei ein verzauberter Hohenstaufe, nämlich jener letzte große Kaiser und Magier aus diesem Geschlecht, der in Sizilien geherrscht und die Geheimnisse der arabischen Weisheit gekannt hat. Meistens hört man sagen, Vogel sei früher ein Prinz gewesen oder auch (wie zum Beispiel Sehuster gehört haben will) ein Zauberer, welcher einst ein rotes Haus am Schlangenhügel bewohnte und in der Gegend Ansehen genoß, bis das neue Flachsenfingische Landrecht in der Gegend eingeführt wurde, wonach mancher brotlos wurde, weil das Zaubern, Versemachen, Sichverwandeln und andre solche Gewerbe für verboten erklärt und mit Infamie belegt wurden. Damals habe der Zauberer Brombeeren und Akazien um sein rotes Haus gesät, das denn auch bald in Dornen verschwand, habe sein Grundstück verlassen und sei, von den Schlangen in langem Zuge begleitet, in den Wäldern verschwunden. Als Vogel kehre er von Zeit zu Zeit wieder, um Menschenseelen zu berücken und wieder Zauberei zu üben. Nichts andres als Zauber sei natürlich der eigentümliche Einfluß, den er auf viele habe; der Erzähler wolle es dahingestellt sein lassen, ob es Zauberei von der weißen oder der schwarzen Art sei, die er treibe.

Ebenfalls auf die Morgenlandfahrer zurückzuführen sind ohne Zweifel jene merkwürdigen, auf eine Schicht mutterrechtlicher Kultur deutenden Sagenreste, in welchen die »Ausländerin«, auch Ninon genannt, eine Rolle spielt. Manche dieser Fabeleien berichten, dieser Ausländerin sei es gelungen, Vogel einzufangen und jahrelang gefangenzuhalten, bis das Dorf sich einst empört und seinen Vogel wieder befreit habe. Es gibt aber auch das Gerücht, Ninon die Ausländerin habe Vogel, noch lange ehe er in Vogelgestalt verwunschen wurde, noch als Magier gekannt und habe im roten Hause mit ihm gewohnt, sie hätten dort lange schwarze Schlangen und grüne Eidechsen mit blauen Pfauenköpfen gezüchtet, und noch heute sei der Brombeerenhügel überm Montagsdorf voller Schlangen, und noch heute könne man deutlich sehen, wie jede Schlange und jede Eidechse, wenn sie über jene Stelle komme, wo einst die Schwelle zur Zauberwerkstatt des Magiers gewesen, einen Augenblick innehalte, den Kopf emporhebe und sich dann verneige. Eine längst verstorbene uralte Frau im Dorf namens Nina soll diese Version erzählt und darauf geschworen haben, sie habe oft und oft auf jenem Dornenhügel Kräuter gesucht und dabei die Nattern sich an jener Stelle verneigen sehen, wo noch jetzt der vielhundertjährige Strunk eines Rosenbäumchens den Eingang zum einstigen Zauberhaus bezeichne. Dagegen versichern andre Stimmen auf das bestimmteste, Ninon habe mit dem Zauberer nicht das mindeste zu tun gehabt, sie sei erst viel, viel später im Gefolge der Morgenlandfahrer in diese Gegend gekommen, als Vogel längst ein Vogel gewesen sei.

Noch ist kein volles Menschenalter hingegangen, seit Vogel zuletzt gesehen worden ist. Aber die alten Leute sterben so unversehens weg, auch der »Baron« ist jetzt tot, und auch der vergnügte Mario geht längst nicht mehr so aufrecht einher, wie wir ihn gekannt haben, und eines Tages wird plötzlich keiner mehr da sein, der die Vogelzeit noch miterlebt hat, darum wollen wir, so verworren sie scheint, die Geschichte aufzeichnen, wie es mit Vogel stand und wie es dann mit ihm ein Ende genommen hat.

Liegt auch das Montagsdorf ziemlich abseits und sind die stillen kleinen Waldschluchten jener Gegend nicht vielen bekannt, wo der Milan den Wald regiert und der Kuckuck allerenden ruft, so sind doch des öftern auch Fremde Vogels ansichtig und mit seinen Legenden bekannt geworden; der Maler Klingsor soll lange in einer Palastruine dort gehaust haben, die Schlucht von Morbio wurde durch den Morgenlandfahrer Leo bekannt (von ihm soll übrigens, nach einer eher absurden Variante der Sage, Ninon das Rezept des Bischofsbrotes erhalten haben, mit dem sie Vogel fütterte und wodurch sie ihn zähmte). Kurz, es sprach sich über unsre jahrhundertelang so unbekannte und unbescholtene Gegend manches in der Welt herum, und es gab fern von uns in Großstädten und an Hochschulen Leute, welche Dissertationen über den Weg Leos nach Morbio schrieben und sich sehr für die verschiedenen Erzählungen vom Montagsdörfer Vogel interessierten. Es wurde dabei allerlei Voreiliges gesagt und geschrieben, das die ernstere Sagenforschung wieder auszumerzen bemüht ist. Unter andrem tauchte mehr als einmal die absurde Behauptung auf, Vogel sei identisch mit dem bekannten Piktorvogel, welcher in Beziehungen zum Maler Klingsor stand und die Gabe der Verwandlung sowie viel geheimes Wissen besaß. Aber jener durch Piktor bekannt gewordene »Vogel rot und grün, ein Vogel schön und kühn« ist in den Quellen* so genau beschrieben, daß man die Möglichkeit einer solchen Verwechslung kaum begreift.

Und endlich spitzte sich dieses Interesse der gelehrten Welt für uns Montagsdörfler und unsern Vogel, und damit zugleich die Geschichte Vogels folgendermaßen zu. Es lief eines Tages bei unsrem damaligen Bürgermeister, es war der schon

* Pictoris cuiusdam de mutationibus, Bibl. av. Montagn. codex LXI.

erwähnte Sehuster, ein Schreiben seiner vorgesetzten Behörde ein des Inhalts, durch seine H. G. den Herrn Gesandten des Ostgotischen Kaiserreichs werde, im Auftrage von Geheimrat Lützkenstett dem Vielwissenden, dem dasigen Bürgermeisteramt folgendes mitgeteilt und zur Bekanntmachung in seiner Gemeinde dringlich empfohlen: Ein gewisser Vogel ohne Namen, in mundartlichen Redewendungen als »Vogel vom Montagsdorf« bezeichnet, werde unter Unterstützung des Kultusministeriums von Geheimrat Lützkenstett erforscht und gesucht. Wer Mitteilungen über den Vogel, über seine Lebensweise, seine Nahrung, über die von ihm handelnden Sprichwörter, Sagen und so weiter zu machen habe, möge sie durch das Bürgermeisteramt an die Kaiserlich Ostgotische Gesandtschaft in Bern richten. Ferner: wer genanntem Bürgermeisteramt, zur Übermachung an eben jene Gesandtschaft, fraglichen Vogel lebendig und gesund einliefere, soll dafür eine Belohnung von tausend Dukaten in Gold bekommen; für den toten Vogel hingegen oder seinen wohlerhaltenen Balg käme nur eine Entlohnung von hundert Dukaten in Betracht.

Lange saß der Bürgermeister und studierte dieses amtliche Schreiben. Es schien ihm unbillig und lächerlich, zu was allem die Behörden sich da wieder hergaben. Wäre ihm, Sehustern, dieses selbe Ansinnen von seiten des gelehrten Goten selber oder auch von seiten der Ostgotischen Gesandtschaft zugegangen, so hätte er es unbeantwortet vernichtet, oder er hätte den Herren kurz angedeutet, für solche Spielereien sei Bürgermeister Sehuster nicht zu haben, und sie möchten ihm freundlichst in die Schuhe blasen. So aber kam das Ansinnen von seiner eigenen Behörde, es war ein Befehl, und dem Befehl mußte er Folge leisten. Auch der alte Gemeindeschreiber Balmelli, nachdem er das Schreiben mit weitsichtigen Augen und lang ausgestreckten Armen gelesen, unterdrückte das spöttische Lächeln, dessen ihm diese Affäre würdig schien, und stellte fest: »Wir müssen gehorchen, Herr Sehuster, es

hilft nichts. Ich werde den Text für einen öffentlichen Anschlag aufsetzen.«
Nach einigen Tagen erfuhr es also die ganze Gemeinde durch Anschlag am Rathausbrett: Vogel war vogelfrei, das Ausland begehrte ihn und setzte Preise auf seinen Kopf, Eidgenossenschaft und Kanton hatten es unterlassen, den sagenhaften Vogel in Schutz zu nehmen, wie immer kümmerten sie sich den Teufel um den kleinen Mann und das, was ihm lieb und wert ist. Dies war wenigstens die Meinung Balmellis und vieler. Wer den armen Vogel fangen oder totschießen wollte, dem winkte hoher Lohn, und wem es gelang, der war ein wohlhabender Mann. Alle sprachen davon, alle standen beim Rathaus, drängten sich um das Anschlagebrett und äußerten sich lebhaft. Die jungen Leute waren höchst vergnügt, sie beschlossen alsbald Fallen zu stellen und Ruten zu legen. Die alte Nina schüttelte den greisen Sperberkopf und sagte: »Es ist eine Sünde, und der Bundesrat sollte sich schämen. Sie würden den Heiland selber ausliefern, diese Leute, wenn es Geld einbrächte. Aber sie kriegen ihn nicht, Gott sei Dank, sie kriegen ihn nicht!«
Ganz still verhielt sich Schalaster, des Bürgermeisters Vetter, als auch er den Anschlag gelesen hatte. Er sagte kein Wort, las sehr aufmerksam ein zweites Mal, unterließ darauf den Kirchgang, den er an jenem Sonntagmorgen im Sinn gehabt hatte, schritt langsam gegen das Haus des Bürgermeisters, trat in dessen Garten, besann sich plötzlich eines andern, kehrte um und lief nach Hause.
Schalaster hatte zeitlebens zu Vogel ein besonderes Verhältnis gehabt. Er hatte ihn öfter als andre gesehen und besser beobachtet, er gehörte, wenn man so sagen darf, zu denen, welche an Vogel glaubten, ihn ernst nahmen und ihm eine Art von höherer Bedeutung zuschrieben. Darum wirkte auf diesen Mann die Bekanntmachung sehr heftig und sehr zwiespältig. Im ersten Augenblick freilich empfand er nichts anderes als die alte Nina und als die meisten bejahrten und ans

Hergebrachte anhänglichen Bürger: er war erschrocken und war empört darüber, daß auf ausländisches Begehren hin sein Vogel, ein Schatz und Wahrzeichen von Dorf und Gegend, sollte ausgeliefert und gefangen oder getötet werden! Wie, dieser seltene und geheimnisvolle Gast aus den Wäldern, dieses märchenhafte, seit alters bekannte Wesen, wegen dessen das Montagsdorf berühmt und auch bespöttelt worden war und von dem es so mancherlei Erzählungen und Sagen vererbte – dieser Vogel sollte um Geldes und der Wissenschaft willen der mörderischen Neugierde eines Gelehrten hingeopfert werden? Es schien unerhört und schlechthin undenkbar. Es war ein Sakrileg, wozu man da aufgefordert wurde. Indessen jedoch andrerseits, wenn man alles erwog und dies und jenes in diese und jene Waagschale warf: war nicht demjenigen, der das Sakrileg vollzöge, ein außerordentliches und glänzendes Schicksal zugesagt? Und bedurfte es, um des gepriesenen Vogels habhaft zu werden, nicht vermutlich eines besonderen, auserwählten und von lange her vorbestimmten Mannes, eines, der schon von Kindesbeinen an in einem geheimeren und vertrauteren Umgang mit Vogel stand und in dessen Schicksale verflochten war? Und wer konnte dieser auserwählte und einzigartige Mann sein, wer anders als er, Schalaster? Und wenn es ein Sakrileg und ein Verbrechen war, sich an Vogel zu vergreifen, ein Sakrileg vergleichbar dem Verrat des Judas Ischariot am Heilande – war denn nicht eben dieser Verrat, war nicht des Heilands Tod und Opferung notwendig und heilig und seit den ältesten Zeiten vorbestimmt und prophezeit gewesen? Hätte es, so fragte Schalaster sich und die Welt, hätte es das geringste genützt, hätte es Gottes Ratschluß und Erlösungswerk etwa im mindesten ändern oder hindern können, wenn jener Ischariot sich aus Moral- und Vernunftgründen seiner Rolle entzogen und des Verrats geweigert hätte?

Solche Wege etwa liefen die Gedanken Schalasters, und sie wühlten ihn gewaltig auf. In demselben heimatlichen Obstgarten, wo er einst als kleiner Knabe Vogel zum erstenmal erblickt und den wunderlichen Glücksschauer dieses Abenteuers gespürt hatte, wandelte er jetzt auf der Rückseite seines Hauses unruhig auf und nieder, am Ziegenstall, am Küchenfenster, am Kaninchenverschlag vorbei, mit dem Sonntagsrock die an der Scheunenrückwand aufgehängten Heurechen, Gabeln und Sensen streifend, von Gedanken, Wünschen und Entschlüssen bis zur Trunkenheit erregt und benommen, schweren Herzens, an jenen Judas denkend, tausend schwere Traumdukaten im Sack.

Inzwischen ging im Dorfe die Aufregung weiter. Dort hatte sich seit dem Bekanntwerden der Nachricht fast die ganze Gemeinde vor dem Rathaus versammelt, von Zeit zu Zeit trat einer ans Brett, um den Anschlag nochmals anzustarren, alle brachten ihre Meinungen und Absichten kraftvoll und mit gut gewählten Beweisen aus Erfahrung, Mutterwitz und Heiliger Schrift zum Ausdruck, nur wenige gab es, welche nicht vom ersten Augenblick an ja oder nein zu diesem Anschlag sagten, der das ganze Dorf in zwei Lager spaltete. Wohl ging es manchem so wie Schalastern, daß er nämlich die Jagd auf Vogel zwar scheußlich fand, die Dukaten indessen doch gern gehabt hätte, allein es war nicht eines jeden Sache, diesen Zwiespalt so sorgfältig und kompliziert in sich zum Austrag zu bringen. Die jungen Burschen nahmen es am leichtesten. Moralische oder heimatschützlerische Bedenken konnten ihre Unternehmungslust nicht anfechten. Sie meinten, man müsse es mit Fallen probieren, vielleicht habe man Glück und erwische den Vogel, wenn auch die Hoffnung vielleicht nicht groß sei, man wisse ja nicht, mit welchen Ködern Vogel zu locken sei. Bekäme ihn aber einer zu Gesicht, so tue er wohl daran, unverzüglich zu schießen, denn schließlich seien hundert Dukaten im Beutel immerhin besser als tausend in der Einbildung. Laut wurde ihnen zugestimmt, sie genossen ihre Taten im voraus und stritten sich schon über die Einzelheiten der Vogeljagd. Man solle ihm ein gutes Gewehr geben, schrie einer, und eine kleine Anzahlung von einem halben Dukaten, so sei er bereit, sofort loszuziehen und den ganzen Sonntag zu opfern. Die Gegner aber, zu denen fast alle älteren Leute gehörten, fanden das alles unerhört und riefen oder murmelten Sprüche der Weisheit und Verwünschungen über dies Volk von heute, dem nichts mehr heilig und Treu und Glauben abhanden gekommen sind. Ihnen erwiderten lachend die Jungen, daß es sich hier nicht um Treu und Glauben handle, sondern um das Schießenkönnen, und daß sich ja immer die Tugend und Weisheit bei jenen finde, deren halbblinde Augen auf keine Vögel mehr zielen und deren Gichtfinger keine Flinte mehr halten könnten. Und so ging es munter hin und wider, und das Volk übte seinen Witz an dem neuen Problem, beinah hätten sie die Mittags- und Essensstunde vergessen. In mehr oder weniger naher Beziehung zu Vogel berichteten sie leidenschaftlich und beredt von Erfolgen und Mißerfolgen in ihren Familien, erinnerten jedermann eindringlich an den seligen Großvater Nathanael, an den alten Sehuster, an den sagenhaften Durchmarsch der Morgenlandfahrer, führten Verse aus dem Gesangbuch und gute Stellen aus Opern an, fanden einander unausstehlich und konnten sich doch voneinander nicht trennen, beriefen sich auf Wahlsprüche und Erfahrungssätze ihrer Vorfahren, hielten Monologe über frühere Zeiten, über den verstorbenen Bischof, über durchlittene Krankheiten. Ein alter Bauer zum Beispiel wollte während eines schweren Leidens vom Krankenlager aus durchs Fenster Vogel erblickt haben, nur einen Augenblick, aber von diesem Augenblick an sei es ihm besser gegangen. Sie redeten, teils jeder für sich und an innere Gesichte hingegeben, teils den Dorfgenossen zugewendet, werbend oder anklagend, zustimmend oder verhöhnend, sie hatten im Streit wie in der Einigkeit ein wohltuendes Gefühl von der Stärke, dem Alter, dem ewigen Bestand ihrer Zusammengehörigkeit, kamen sich alt und klug, kamen sich jung und klug vor, hänselten einander, verteidigten mit

Wärme und vollem Recht die guten Sitten der Väter, zogen mit Wärme und vollem Recht die guten Sitten der Väter in Zweifel, pochten auf ihre Vorfahren, lächelten über ihre Vorfahren, rühmten ihr Alter und ihre Erfahrung, rühmten ihre Jugend und ihren Übermut, ließen es bis nahe zur Prügelei kommen, brüllten, lachten, kosteten Gemeinschaft und Reibung, wateten alle bis zum Halse in der Überzeugung, recht zu haben und es den andern tüchtig gesagt zu haben.

Mitten in diesen Redeübungen und Parteibildungen aber, während gerade die neunzigjährige Nina ihren blonden Enkel beschwor, seiner Ahnen zu gedenken und sich doch nicht dieser gottlosen und grausamen, dazu gefährlichen Vogeljagd anzuschließen, und während die Jungen ehrfurchtslos vor ihrem greisen Angesicht eine Jagdpantomime aufführten, imaginäre Büchsen an ihre Wangen legten, mit eingekniffenem Auge zielten und dann piff, paff schrien, da ereignete sich etwas so ganz Unerwartetes, daß alt und jung mitten im Wort verstummte und wie versteinert stehenblieb. Auf einen Ausruf des alten Balmelli hin folgten alle Blicke der Richtung seines ausgestreckten Armes und Fingers, und sie sahen, in plötzlich eingetretenem tiefem Schweigen, wie vom Dach des Rathauses sich Vogel, der vielbesprochene Vogel herabschwang, auf der Kante des Anschlagbrettes sich niedersetzte, den runden kleinen Kopf am Flügel rieb, den Schnabel wetzte und eine kurze Melodie zwitscherte, wie er mit dem flinken Schwänzchen auf und nieder wippend Triller schlug, wie er das Schöpfchen in die Höhe sträubte und sich, den manche von den Dorfleuten nur vom Hörensagen kannten, vor aller Augen eine ganze Weile putzte und zeigte und den Kopf neugierig hinunterbog, als wolle auch er diesen Anschlag der Behörde lesen und erfahren, wie viele Dukaten auf ihn geboten seien. Es mochten vielleicht bloß ein paar Augenblicke sein, daß er sich aufhielt, es kam aber allen wie ein feierlicher Besuch und eine Herausforderung vor, und niemand machte jetzt piff, paff, sondern sie standen alle und verschafft, den man Vogeldunst nannte. Würde er, so war seine Rechnung, mit diesem feinen Schrot auf ihn schießen, so war es wahrscheinlich, daß Vogel nicht getötet und zerstückt herabfiele, sondern daß eins der winzigen Schrotkörnchen ihn leicht verletzen und der Schreck ihn betäuben würde. So war es möglich, ihn lebendig in die Hände zu bekommen. Der umsichtige Mann bereitete alles vor, was seinem Vorhaben dienen konnte, auch einen kleinen Singvogelkäfig zum Einsperren des Gefangenen, und von nun an gab er sich die erdenklichste Mühe, sich niemals weit von seiner stets geladenen Flinte zu entfernen. Wo immer es anging, führte er sie bei sich, und wo es nicht anging, etwa beim Kirchgange, tat es ihm leid um den Gang.

Trotzdem hatte er in diesem Augenblick, da ihm Vogel wieder begegnete – es war im Herbst jenes Jahres –, seine Flinte gerade nicht zur Hand. Es war ganz in der Nähe seines Hauses, Vogel war wie gewohnt lautlos aufgetaucht und hatte ihn erst, nachdem er sich niedergesetzt, mit dem vertrauten Zwitschern begrüßt; er saß vergnügt auf einem knorrigen Aststrunk der alten Weide, von welcher Schalaster stets die Zweige zum Aufbinden des Spalierobstes schnitt. Da saß er, keine zehn Schritte weit, und zwitscherte und schwatzte, und während sein Feind im Herzen noch einmal jenes wunderliche Glücksgefühl spürte (selig und weh zugleich, als würde man an ein Leben gemahnt, das zu leben man doch nicht fähig war), lief ihm zugleich der Schweiß in den Nacken vor Bangigkeit und Sorge, wie er rasch genug zu seinem Schießgewehr kommen sollte. Er wußte ja, daß Vogel niemals lange blieb. Er eilte ins Haus, kam mit der Flinte zurück, sah Vogel noch immer in der Weide sitzen und pirschte sich nun langsam und leise auftretend näher und näher zu ihm hin. Vogel war arglos, ihm machte weder die Flinte noch das wunderliche Benehmen des Mannes Sorge, eines aufgeregten Mannes mit stieren Augen, geduckten Bewegungen und schlechtem Gewissen, dem es sichtlich viel Mühe machte, den Unbefangenen zu spielen. Vogel ließ ihn nahe herangekommen, blickte ihn vertraulich an, suchte ihn zu ermuntern, schaute schelmisch zu, wie der Bauer die Flinte hob, wie er ein Auge zudrückte und lange zielte. Endlich krachte der Schuß, und noch hatte das Rauchwölkchen sich nicht in Bewegung gesetzt, so lag Schalaster schon auf den Knien unter der Weide und suchte. Von der Weide bis zum Gartenzaun und zurück, bis zu den Bienenständen und zurück, bis zum Bohnenbeet und zurück suchte er das Gras ab, jede Handbreit, zweimal, dreimal, eine Stunde lang, zwei Stunden lang, und am nächsten Morgen wieder und wieder. Er konnte Vogel nicht finden, er konnte nicht eine einzige Feder von ihm finden. Er hatte sich davongemacht, es war ihm hier zu plump zugegangen, es hatte zu laut geknallt, Vogel liebte die Freiheit, er liebte die Wälder und die Stille, es hatte ihm hier nicht mehr gefallen. Fort war er, auch diesmal hatte Schalaster nicht sehen können, nach welcher Richtung er entflogen war. Vielleicht war er ins Haus am Schlangenhügel heimgekehrt, und die blaugrünen Eidechsen verneigten sich an der Schwelle vor ihm. Vielleicht war er noch weiter in die Räume und Zeiten zurück entflohen, zu den Hohenstaufen, zu Kain und Abel, ins Paradies.

Seit jenem Tag ist Vogel nicht mehr gesehen worden. Gesprochen wurde noch viel von ihm, das ist auch heute nach allen den Jahren noch nicht verstummt, und in einer ostgotischen Universitätsstadt erschien ein Buch über ihn. Wenn in den alten Zeiten allerlei Sagen über ihn erzählt wurden, so ist er seit seinem Verschwinden selber eine Sage geworden, und bald wird niemand mehr sein, der es wird beschwören können, daß Vogel wirklich einmal gelebt hat, daß er einst der gute Geist seiner Gegend war, daß einst hohe Preise auf ihn ausgesetzt waren, daß einst auf ihn geschossen worden ist. Das alles wird einst, wenn in spätern Zeiten wieder ein Gelehrter diese Sage erforscht, vielleicht als Erfindung der Volksphantasie nachgewiesen und aus den Gesetzen der Mythenbildung Zug um Zug erklärt werden. Denn es ist freilich nicht zu leugnen: überall und immer wieder gibt es Wesen, die von den andern als besonders, als hübsch und anmutig empfunden und von manchen als gute Geister verehrt werden, weil sie an ein schöneres, freieres, beschwingteres Leben mahnen, als wir es führen, und überall geht es dann ähnlich: daß die Enkel sich über die guten Geister der Großväter lustig machen, daß die hübschen anmutigen Wesen eines Tages gejagt und totgeschlagen werden, daß man Preise auf ihre Köpfe oder Bälge setzt, und daß dann ein wenig später ihr Dasein zu einer Sage wird, die mit Vogelflügeln weiterfliegt.

Niemand kann sagen, welche Form einst die Kunde von Vogel noch annehmen wird. Daß Schalaster erst in jüngster Zeit auf eine schreckliche Art verunglückt ist, höchstwahrscheinlich durch Selbstmord, sei der Ordnung wegen noch berichtet, ohne daß wir uns erlauben möchten, Kommentare daran zu knüpfen. (1932)

Der Sprung*

Wenn wir es unternehmen, den Lebenslauf des edlen Willibald des Jüngeren vom Ärmel der geschätzten Nachwelt zu überliefern, so sind wir uns sowohl der Schwierigkeit unsrer Aufgabe wie auch der Unzeitgemäßheit und Unbeliebtheit solcher Arbeiten recht wohl bewußt. Eine Epoche, welche den Erfindern des Atom-Nußknackers Ruhmeskränze flicht und den Andrang des Publikums zu den Sonntagsfahrten nach dem Saturn nur noch mit Hilfe großer Polizeiaufgebote bändigen kann, eine Epoche, welche einzig den materiellen Erfolg und die meßbare sportliche Leistung anerkennt und anbetet, wird weder den Großtaten der Säulenheiligen noch den Klavier-Stimmversuchen Gottwalt Peter Harnischens, geschweige denn unsrem Versuch, das Andenken Willibalds des Jüngeren vom Ärmel zu ehren, gerecht werden oder Interesse entgegenbringen. Indessen tröstet und stärkt uns der Gedanke, daß es Verehrern jener Stiliten, jenes Walt Harnisch oder unsres seligen Willibald vom Ärmel und Verächtern des Erfolges und des Fortschritts übel anstünde, wollten sie bei ihrem Tun an den Beifall der Rekordhelden oder der Sonntags-Mondausflügler denken. Nein, wenn es denn schon etwas wie ein Ehrgeiz sein sollte, was uns antreibt und beseelt, so ist es ein andrer, ein edlerer und höherer.

Die edle Kunst, welche Willibald sein Leben lang übte, hat nicht er etwa erfunden, er lernte sie schon als Knabe durch seinen Vater kennen, und auch dieser hatte schon bis in eine ferne Vorzeit zurück Vorgänger und Vorbilder gehabt. Er, Willibald der Ältere, hat die hohe Übung, die meistens mit dem Namen »Der Sprung« bezeichnet wird, allerdings nicht so früh, sondern erst als Erwachsener kennen und üben gelernt. Das wenige, das wir über sein Leben wissen, läßt sich in Kürze berichten. Er war der Sohn eines Offiziers, der ihn auf eine harte und soldatische Weise erzog und ebenfalls

* Im Manuskript trägt dieser Text keinen Titel.

einen Offizier aus ihm machen wollte, doch dieses Ziel nicht erreichte, denn Willibald, durch des Vaters Härte und Strenge erbittert, stemmte sich mit zähem Trotz gegen dessen Pläne. Obwohl von Natur dem Vater ähnlich und sportlichen und soldatischen Übungen durchaus zugetan, weigerte er sich standhaft, den vom Vater ihm bestimmten Beruf zu ergreifen, und wandte sich in hartnäckigem Trotz gerade jenen Beschäftigungen und Studien zu, die er vom Vater verachtet und verspottet sah, der Literatur, der Musik, den philologischen Wissenschaften. Er setzte seinen Willen durch und wurde Lehrer. Bekannt wurde er als Verfasser des Liedes: »Wie doch so sehr erfreut der Lenz das Herz«, das jahrzehntelang viel gesungen wurde und eins der beliebtesten Stücke in allen Singbüchern für Mittelschulen war. Die späteren Generationen allerdings lehnten sowohl den Text wie die Melodie des Liedes ab, machten sich über seinen Stil, an dem ein Menschenalter sich erfreut hatte, lustig und ließen es aus den Schulbüchern verschwinden. Es ist uns nicht bekannt, ob Willibald der Ältere das noch erlebt hat, es hätte ihn wohl kaum angefochten, denn nachdem er einige Jahre an höhern Schulen unterrichtet hatte, starb sein Vater, und kaum war dies geschehen, als Willibalds ablehnende Haltung dem Soldaten- und Offiziersleben gegenüber samt seinen aus Trotz überbetonten musischen Liebhabereien erlosch. Jetzt, wo die harte Autorität, gegen die er so zäh revoltiert hatte, dahingesunken war, folgte er freudig den ererbten Anlagen und Trieben, ließ Grammatik und Leier liegen, schlug die Offizierslaufbahn ein und brachte deren erste Stufen rasch hinter sich. Dann, einer Gesandtschaft im Osten zugeteilt, lernte er das Morgenland kennen, und dort ward ihm die Begegnung, die sein Leben bestimmen sollte. Er fand Gelegenheit, tanzenden Derwischen zuzuschauen, tat dies anfangs mit jener Haltung von etwas herablassender und skeptischer Neugierde, die so mancher Abendländer in jenen Ländern für geboten hielt, wurde aber von der Gewalt des Enthusiasmus und der weltvergessenden Hingabe, die diese frommen Tänzer beseelte, mehr und mehr ergriffen, und besonders war es einer von ihnen, ein junger Derwisch von hohem Wuchs und beinahe übermenschlicher Haltung, der seine Aufmerksamkeit fesselte und seine ganze Bewunderung und Liebe gewann. Er ließ nicht nach, bis es ihm gelang, die Bekanntschaft und schließlich die Freundschaft dieses Achmed zu gewinnen. Durch ihn nun lernte Willibald jene seltsame Übung kennen, in deren Dienst sein und später seines Sohnes Leben stehen sollte: das Springen über den eigenen Schatten. Seit er entdeckt hatte, daß Achmed sich häufig zu besonderen Übungen zurückzog, bei denen er sich sorgfältig vor jedem neugierigen Blick zu schützen wußte, ruhte er nicht, bis der Derwisch ihm sein Geheimnis preisgab. Auf Willibalds dringende Frage, was er denn so einsam und im geheimen treibe, bekam er zu seinem Staunen die kurze Antwort: »Ich springe über meinen Schatten.« »Aber das ist ja unmöglich«, rief Willibald, »das ist ja verrückt.« »Du wirst sehen«, war Achmeds Antwort, und er bestellte seinen Freund auf den andern Tag zu einer bestimmten Stunde an einen einsamen Ort hinter den Stallungen einer Karawanserei. Dort nun sah ihn der Abendländer über seinen Schatten springen, das heißt: er sah ihn mit solcher Gewandtheit und Schnelligkeit springen, daß er nicht imstande war zu entscheiden, ob nicht wirklich der Springer gewandter und rascher war als sein auf dem Sande mit ihm um die Wette springender Schatten. Der Schatten bekam keinen Augenblick Ruhe, und der Herr des Schattens schien ohne Schwere zu sein, er schwebte und wirbelte in unaufhörlichen blitzschnellen Sprüngen wie ein Falter oder eine Libelle, dem Springen, Wirbeln, Schwirren hingegeben. Ob nun der Schatten übersprungen wurde oder nicht, blieb nicht nur unentschieden, es war dem staunenden Zuschauer unwichtig geworden, er vergaß daran zu denken, er sah dem Springenden mit derselben Ergriffenheit und Bewunderung, mit derselben Ahnung von Wunder und Seligkeit zu, wie damals dem Tanz des Derwisch-Chors. Als Achmed seine Übung beendet hatte, blieb er mit geschlossenen Augen eine Weile stehen, scheinbar weder erhitzt noch betäubt noch ermüdet, mit dem Ausdruck innigen Glückes im Angesicht. Als er die Augen öffnete, dankte ihm Willibald mit einer tiefen Verbeugung, wie er sie für den Empfang beim Sultan gelernt hatte. Er fragte den Freund, woran er bei seinem Springen gedacht habe. »An wen?« sagte jener mit leiser Stimme. »An Ihn, der des Springens nicht bedarf.« Willibald verstand nicht gleich. ». . . nicht bedarf?« wiederholte er fragend. Und Achmed: »ER ist das Licht selbst und ohne Schatten.«

Bis zu jener Stunde war Willibald des Älteren Leben ein Leben der Ziele, der Strebungen und des Ehrgeizes gewesen, er hatte erst als Lehrer, als Dichter und Musiker sich um Anerkennung und Ruhm bemüht, dann als Offizier um Achtung und Wohlwollen seiner Vorgesetzten. Zur Stunde wurde es damit anders. Sein Ziel lag nicht mehr außerhalb seiner selbst, und sein Glück, seine Zufriedenheit waren nicht mehr von außen her zu steigern oder zu mindern. Sein Ziel war von Stund an, etwas von dem zu erlangen, was er als Glück und Licht in Achmeds Antlitz nach seinem Schattenspringen hatte leuchten sehen, seine Sehnsucht galt jenem Grad von Hingabe, den er zum erstenmal beim Wirbeltanz der Derwische und jetzt, stiller, aber sublimierter, im frommen Tanzdienst des Schattenspringers mit Augen erblickt hatte.

Obwohl er an strenge körperliche Übungen mancher Art gewöhnt war, dauerte es lange Zeit, bis er zwar nicht seines Freundes Vollkommenheit, aber doch eine gewisse Geschicklichkeit erreichte.

(ca. 1953)

Inhalt

Sprechplatte

Hermann Hesse – Langspiel-Sprechplatte. 33 cm/60 Min. Spieldauer; zusammengestellt von Volker Michels.
Seite A:
Hermann Hesse liest *Über das Glück* und die Gedichte *Im Nebel; Vergänglichkeit; Stufen; Mittag im September; Alle Tode; In Sand geschrieben; Regen im Herbst.*
Seite B:
Gert Westphal liest *Aus einem Brief des 15jährigen Hesse an seine Eltern;* Prosa aus *Klingsors letzter Sommer* und Gedichte aus *Krisis.*

Überraschend fanden sich Tondokumente von Hermann Hesse, die lange Zeit für verloren galten. In den 1949, 1953 und 1954 auf Band gesprochenen Aufnahmen liest der über Siebzigjährige einige seiner schönsten und volkstümlichsten Gedichte, und, als charakteristische Probe seiner Altersprosa, eine konzentrierte Fassung seiner Betrachtung ›Glück‹. So wird es dem Leser möglich, auch akustisch Hesses Spannung ›zwischen dem Bewahrenden und dem Verwegenen‹ – wie es Th. W. Adorno einmal formuliert hat – zu erleben.
Hesses Schriften sind Selbstporträts, sie sind Protokolle der Entwicklungen und Metamorphosen eines komplizierten und konzessionslosen Individualisten. Während die vom Autor selbst gesprochenen Texte nicht so sehr die Konflikte, sondern deren Ergebnisse zeigen, dokumentiert die Rückseite dieser Schallplatte die Gegenprobe. Mit typischen Texten des immer wieder aufbegehrenden, des unbequemen und rebellischen Outsiders belegt sie die Entwicklung und Authentizität dieser Ergebnisse. Vom Brief des 15jährigen, den seine Eltern nach der Flucht aus dem Theologieseminar und nach einem mißglückten Selbstmordversuch in eine Heilanstalt gegeben hatten, über ›Klingsors letzter Sommer‹ bis zu den ›Krisis‹-Gedichten des ›Steppenwolf‹ führt eine gemeinsame Linie. Durch diese, von Gert Westphal kongenial vorgetragenen Texte wird die spontane Identifizierung einer neuen Lesergeneration mit Hermann Hesse nachvollziehbar.

Bibliothek Suhrkamp

Alphabetisches Verzeichnis